Alain Denjean

Odyssee der Menschwerdung

Alain Denjean

Odyssee der Menschwerdung

Die Altersstufen des Kindes und
die Abenteuer des Odysseus

Ein Leitfaden für Eltern, Lehrer und Erzieher

Verlag Freies Geistesleben

Dem Nachbar und Freund

Horst Melchior

gewidmet.

1. Auflage 2008

Verlag Freies Geistesleben
Landhausstraße 82, 70190 Stuttgart
Internet: www.geistesleben.com

ISBN 978-3-7725-2289-5

© 2008 Verlag Freies Geistesleben
& Urachhaus GmbH, Stuttgart
Fotos: Charlotte Fischer
Umschlag & Satz: Bianca Bonfert, Fotos: Colourbox, Charlotte Fischer
Druck: Druckhaus Nomos, Sinzheim

Inhalt

Vorwort   7

1. Erwartungen gegenüber Erziehung und Schule   9

2. Akzente einer modernen Erziehung: das Individuelle fördern   12
   Die Suche nach der Individualität   12
   Zwei Grenzen der Persönlichkeit: Auflösung und Abkapselung   17

3. Die Erziehungskunst Rudolf Steiners   23
   Dimensionen des Menschen   23
   Zwei Entwicklungsströmungen   26

4. Odysseus – der erste Held der Persönlichkeit   35
   Der erste Held der Persönlichkeit   35

5. Die Abenteuer des Odysseus auf dem Weg
   von Troja nach Ithaka zurück   43
   Die Abenteuer des ersten Jahrsiebts   45
   Die Abenteuer des zweiten Jahrsiebts   58
   Die Abenteuer des dritten Jahrsiebts   73

6. Von der Erziehung zur Selbsterziehung –
   von Odysseus zu Faust   91

Anmerkungen   94

Über den Autor   99

Vorwort

«Die Welt aber im Ich zu gestalten,
ist der Sinn des Lebens.
Nur durch die Gestaltung der Welt
wird das Ich zur Persönlichkeit.»
Th. W. Adorno

Die vorliegende Schrift möchte Anregung zum Nachdenken und
Hilfe zugleich sein. Die Beschreibungen der Vergleiche zwischen
der Entwicklung der Kindes und der Odyssee sind bewusst knapp
gehalten und behandeln nur Hauptmotive. Das Leben im Alltag ist

reicher und die individuelle Färbung der archetypischen Krisen vielseitiger, als man es in diesen Zeilen entdecken wird. Aber wenn die behandelten Motive auf die Einsicht des Lesers stoßen und seine Kenntnisse der Anthropologie erweitern und vertiefen, dann wird das Ziel des Autors schon erreicht sein.

In einer Zeit und einer Gesellschaft, wo der Andere oft zum Rätsel wird, ist es wie eine große Erleichterung, den Anderen ein ganz wenig enträtseln zu können. Das Gewahrwerden biografischer Phänomene im Alltag ist keine leichte Sache, weil die Individualisierung des Typischen oft das Gesetzmäßige nur als unscheinbares Detail in der Fülle der Ereignisse erscheinen lässt. Um Klarheit über die biografischen Phänomene zu erhalten, muss man sich «geschickt machen», das heißt, sich Grundlagen aneignen, derer Variierung zur Enträtselung beiträgt. Einige Grundideen der Biografie in der Vielfalt ihrer Metamorphosen werden hier anhand der archetypischen Entwicklung des Odysseus dargestellt, in welcher sich Individualität und Allgemeingültigkeit in einer gesunden Dynamik zu einer Persönlichkeit vereinigen.

Da, wo Menschen einander enträtseln können, wachsen Vertrauen und Liebekraft. Wenn zwei Individualitäten sich in ihrem Menschsein begegnen, dann ist *der* Mensch unter ihnen.

1. Erwartungen gegenüber Erziehung und Schule

Die große Frage: *Wer bin ich, woher komme ich, wohin gehe ich?* beziehen Eltern konkret und differenziert auf jedes ihrer Kinder: *Wer bist du, woher kommst du, wohin gehst du?*

Man stelle sich eine Schule mit wartenden Müttern vor der ersten Klasse vor. Die Tür öffnet sich und dreißig Kinder treten heraus: strahlend, träumend, rangelnd, schwätzend, in irgendetwas versunken, ängstlich, erleichtert…

Dreißig Kinder, dreißig Schicksale in dreißig Biografien. Sie haben viel Gemeinsames, und dennoch sind sie alle grundverschieden. Je jünger die Kinder, desto größer ist der Anteil an Gemeinsamem, je älter sie werden, desto sichtbarer werden die individuellen Züge.

Unter diesen wartenden Müttern vor der ersten Klasse, gibt es einige, die ihrem Kind gegenüber innerlich die Frage hegen: *Wer bist du?* Im Alltag der Mütter (der Eltern schlechthin und auch aller Erzieher) verwandelt sich diese Frage in eine andere: Was brauchst du jetzt, in dieser Lebenssituation, die wir gerade gemeinsam erleben, damit du dich selbst entwickeln und werden kannst, was du sein könntest? Bei manchen Eltern verwandelt sich dieselbe Frage in eine klare Antwort. «Als Kind habe ich dies und jenes nicht haben können und habe darunter sehr gelitten. Meinem Kind soll es daran nicht mangeln; ich werde dafür sorgen, dass es das bekommt und jenes erreicht». «Das und jenes» kann Wohlstand, Erfolg und Karriere, eine liebevolle Umgebung, Fremdsprachen, ein Pferd u.v.a.m. sein.

Im täglichen Umgang mit ihrem Kind erleben andere Eltern vorwiegend die Verwandlungen der zweiten Frage: *Woher kommst du?* Gerade wenn ein Kind eine schwere frühkindliche Krankheit durchmacht, wenn Lernschwierigkeiten auftauchen, wenn das Kind «schon wieder etwas Schlimmes angezettelt hat», dann fragt sich die Mutter oder der Vater: Warum ist mein Kind so? Woher kommt das? Was haben wir falsch gemacht? Welche ärztliche Hilfe könnte es von seinem Leiden befreien und heilen? Reit-, Mal-, Familientherapie, Heileurythmie, Ferien an Orten mit Reizklima, zahlreiche Besuche bei wechselnden Ärzten… Die konkrete Familiensituation ist es, die aus der Fülle des Machbaren entscheidet, was davon verwirklicht werden kann.

Andere Eltern wiederum erleben an ihrem Kind Verwandlungen der dritten Frage: *Wohin gehe ich / wohin gehst du?* Die Welt – so wird gedacht – hat die Neigung zum Bösen; man muss sich wappnen. Frühe Lernprogramme, Abhärtungen, früh lernen zu urteilen, bei jeder Gelegenheit «ins Wasser werfen» … damit das Kind, wenn es erwachsen sein wird, gerüstet ist, und in der Gesellschaft durchkommt. Die Zukunft muss vorbereitet werden.

Die Frage nach dem Dasein ist dreifach; man kann sich selten und für längere Zeit sinnvoll auf eine der drei Fragen beschränken, die anderen tauchen bald wieder auf. Erst mit der oben genannten dreifachen Frage wird man näher an das Rätsel der Menschwerdung herankommen. Eltern und Erzieher aber erleben diese Menschwerdung aus nächster Nähe und intim in ihrer Dramatik; für sie und für die Kinder ist es eine wahre Odyssee – *die Odyssee der Menschwerdung.*

Solange man das Kind nicht zum Arzt bringen muss, spielt die Erziehung zu Hause und in der Schule eine entscheidende Rolle für den Verlauf dieser Odyssee. Es hängt viel davon ab, ob ich als Vater, Mutter oder Erzieher den Erziehungsvorgang richtig begleite oder nicht und ob ich weiß wo die Grenzen der Erziehung liegen. Was kann Erziehung im 21. Jahrhundert leisten?

2. Akzente einer modernen Erziehung: das Individuelle fördern

Die Suche nach der Individualität

Im Laufe des 20. Jahrhunderts hat sich der Umgang mit Erziehung gewandelt. Es wurde immer wichtiger, das Individuelle eines jeden Menschen durch die Entwicklung der Persönlichkeit im Lebenslauf zum Ausdruck zu bringen. Ziel des Erziehens wurde aus verschiedenen Perspektiven heraus die Förderung des Individualisierungsprozesses. Die großen Erzieher des 20. Jahrhunderts haben sich aus ihrem jeweiligen Ansatz heraus dazu bekannt. Man könnte von einer Entwicklung der Erziehung und Pädagogik vom Prinzip des Formens zum Prinzip sich Sich-entwickeln-lassens sprechen.

So hat sich **Célestin Freinet** (1896–1966) 1933 in Frankreich aus dem Hintergrund des Klassenkampfes für eine Befreiung des Schulwesens aus gewissen herrschenden Tendenzen wie folgt ausgedrückt: «*Man möchte uns, die proletarischen Lehrer zwingen, vorbehaltlos die Schule der bürgerlichen Klasse zu verwirklichen. Darauf antworten wir: Nein. Wir sind Erzieher. Unsere erste Aufgabe ist es, die Kinder, die uns anvertraut sind, zu respektieren, sie zu erziehen, sie aufzurichten. Aus diesem Grund stellen wir uns gegen jeden Dogmatismus, der sich auf außerpädagogische Betrachtungen stützt. Wir stehen nicht im Dienst von vergänglichen Regierungen oder wechselnden Regimen. Wir stehen im Dienst der Kinder und der Gesellschaft, auf die wir diese Kinder nach den Regeln der Wahrheit und der Freiheit stützen können, die das gleiche Ziel einer Befreiung und Erneuerung verfolgen*».[1]

Martin Buber (1878–1965) ein Österreicher jüdischer Herkunft, äußerte sich 1919 zur Erziehungsfrage aus dem Hintergrund des Moralisch-Religiösen heraus: «*Eine Norm und feste Maxime der Erziehung gibt es nicht und hat es nie gegeben. (…) Erst im Zerfall der überlieferten Bindungen, im kreisenden Wirbel der Freiheit ersteht die personhafte Verantwortung, die zuletzt mit ihrer Entscheidungslast keiner Kirche, keiner Gesellschaft, keiner Kultur mehr sich anlehnen kann, die einsame im Angesicht des Seienden. (…) Die immer wieder vorgebrachte Frage ‹Wohin, worauf zu soll erzogen werden?› verkennt die Situation. Auf sie wissen nur Zeiten, die eine allgemeingültige Gestalt – Christ, Gentleman, Bürger – kennen, eine Erwiderung, nicht notwendig mit Worten, aber mit dem auf die Gestalt hin ausgestreckten Zeigefinger, die deutlich über aller Köpfen in der Luft steht. Das Bilden dieser Gestalt in allen Individuen, aus allen Stoffen,*

13

das ist die ‹Bildung›. Wenn aber alle Gestalten zerbrachen, wenn keine mehr die gegenwärtige Menschheitsmaterie einzubewältigen, einzugestalten vermag, was ist da noch zu bilden?

Nichts anderes mehr als das Ebenbild Gottes.

Wenn alle ‹Richtungen› versagen, in der Finsternis über dem Abgrund ersteht die Eine wahre Richtung des Menschen, auf den schöpferischen Geist, auf den über dem Antlitz der Wasser flügelbreitenden Gottesbraus zu – den, von dem wir nicht wissen, von wannen er kommt und wohin er fährt.

Das ist die wahre Autonomie des Menschen, das Erzeugnis der Freiheit, die nicht mehr verrät, sondern verantwortet.» [2]

Bei dem Briten **Alexander S. Neill** (1883–1973), der durch seine antiautoritäre Summerhill-School in den 70er Jahren weltberühmt wurde, findet man ähnliche Untertöne:

«Freud hat nachgewiesen, dass jeder Neurose sexuelle Verdrängung zugrunde liegt. Ich sagte mir deshalb: ich werde eine Schule gründen, in der es keine sexuelle Verdrängung gibt. Freud sagte, das Unbewusste sei unendlich viel wichtiger als das Bewusste. Ich sagte mir deshalb: in meiner Schule wird es keine Mißbilligung, keine Strafen, keine Moralpredigten geben. Wir werden jedes Kind seinen unbewussten Trieben folgen lassen.

Nur langsam wurde mir klar, dass die meisten Freudianer entweder nicht wußten, was Freiheit für das Kind bedeutet, oder nichts davon hielten. Sie verwechselten Freiheit mit Zügellosigkeit. (...) Im Laufe der Zeit habe ich festgestellt, dass mein Bereich nicht Therapie, sondern Vorbeugung ist. Meine Hauptaufgabe besteht darin, einfach dazusitzen und all das zu billigen, was das Kind an sich selbst mißbilligt, das heißt, ich versuche, das dem Kind aufgepfropfte Gewissen, seinen Selbsthaß zu beseitigen. (...) Wie kann man Kinder glücklich werden lassen? Meine Antwort heißt: Schaffen Sie allen Zwang ab! Geben Sie dem Kind die Möglichkeit, es selbst zu sein!

*Schubsen Sie es nicht herum! Belehren Sie es nicht! Halten Sie ihm
keine Predigten! Erheben Sie es nicht zu etwas Höherem! Zwingen
Sie das Kind zu nichts!»* [3]

Auch die wissenschaftliche Richtung betont das Eigenständige,
Individuelle, das Persönliche in der Erziehung. So beim Schweizer
Jean Piaget (1896–1964): *«Wie soll man die neuen Erziehungsmethoden definieren, und ab wann soll man ihr Auftreten datieren?
Erziehen heißt, das Kind an das soziale Milieu des Erwachsenen
anzupassen, mit anderen Worten, die psycho-biologische Beschaffenheit des Individuums in Abhängigkeit von der Gesamtheit der
kollektiven Realitäten, denen die Gemeinschaft Wert beimißt, zu ver-
ändern. Wir haben also zwei Pole in der Beziehung, die die Erziehung
darstellt: einerseits das heranwachsende Individuum; andererseits
die sozialen, geistigen und moralischen Werte, mit denen es der
Erzieher vertraut machen soll. Der Erwachsene, der die Zusammenhänge unter seinem eigenen Gesichtswinkel betrachtet, hat anfänglich nur an diese letzteren gedacht und die Erziehung als eine
einfache Vermittlung kollektiver Werte von einer Generation an die
nächste aufgefaßt. Und aus Unwissenheit, oder auch gerade wegen
dieses Gegensatzes zwischen dem für das Individuum charakteristischen Naturzustand und den Normen der Sozialisierung, haben sich
die Erzieher zuerst mehr um die Ziele der Erziehung gekümmert als
um ihre Technik – mehr um den fertigen Menschen als um das Kind
und die Gesetze seiner Entwicklung.*

*Das führte dazu, das Kind mehr oder weniger bewusst entweder
als einen kleinen Menschen zu betrachten, der so schnell als möglich
zu belehren, zu moralisieren und mit seinen erwachsenen Vorbildern
zu identifizieren, oder aber als Träger verschiedener ‹Erbsünden› das
heißt als ein widerstrebendes Etwas, das zurechtgeknetet und erst
in zweiter Linie informiert werden muss. Von dieser Ansicht leiten
sich noch immer die meisten unserer pädagogischen Verfahren ab.*

Sie bestimmt die ‹alten› oder ‹traditionellen› Erziehungsmethoden. Die neuen Methoden sind jene, die dem eigenständigen Wesen des Kindes Rechnung tragen und sich auf die Gesetze der psychologischen Beschaffenheit des Individuums und auf die seiner Entwicklung stützen.» [4]

Bei der Italienerin **Maria Montessori** (1870–1952) findet man wieder die zwei Motive des Individuellen und der Entwicklung, nun aber aus der Perspektive des liebevoll beobachtenden Arztes:

«Nicht Anlage und Umwelt reichen zur Bestimmung des Menschen aus, sondern das Wesen und die Bedingungen seines Werdens müssen betrachtet werden. Das Kind ist für die Freiheit und Selbständigkeit geboren … Das Kind als geistiger Embryo, der im Begriff steht, sich zu inkarnieren, muß uns erschüttern und erlegt uns neue Verantwortung auf.» [5]

Der Österreicher **Rudolf Steiner** (1861–1925) geht noch ein Stück weiter, indem er sagt: *«Nicht Forderungen und Programme sollen aufgestellt, sondern die Kindesnatur soll einfach beschrieben werden. Aus dem Wesen des werdenden Menschen heraus werden sich wie von selbst die Gesichtspunkte für die Erziehung ergeben.»* [6]

Durch die Vielfalt der Weltanschauungen schimmern bei den Persönlichkeiten, die im 20. Jahrhundert entscheidende Beiträge zur Pädagogik gegeben haben, die zwei Grundsäulen der modernen Erziehung: das Individuelle und die Entwicklung zum Individuellen, das Werden.

Rudolf Steiner ist aber der einzige, der dabei nicht direkt das Individuelle zu erziehen versucht, sondern in seiner Erziehung zur Freiheit den Unterschied zwischen der Individualität und den Mitteln zum Erlangen der Autonomie pädagogisch berücksichtigt. Darin liegt ein Wesensunterschied der Waldorfpädagogik zur Reformpädagogik.

Zwei Grenzen der Persönlichkeit: Auflösung und Abkapselung

Wenn man aber das Individuum in den Vordergrund stellt, muss man bedenken, dass der Individualisierungsprozess in zwei Extreme ausarten kann, wenn man ein drittes Prinzip, nämlich das der Gesundheit aus dem Auge verliert. Ungesund entfaltet sich der Individualisierungsprozess, wenn aus den verschiedensten Gründen heraus der Mensch sein Ich zu stark in Abhängigkeit zu einem anderen Ich oder einer Gruppe geraten lässt. Dann neigt der Mensch zur übermäßigen Anpassung, zu Duckmäuserei sogar Hörigkeit, oder das Ich löst sich in der Gruppe, in der Masse auf. Genau so ungesund entwickelt sich der Mensch, der sich völlig von seiner Umwelt abkapselt. Das Endstadium einer solchen Abkapselung ist dann der Autismus. Beim autistischen Menschen treten einseitig-geniale Fähigkeiten auf, aber das Ich kann sie nicht mit den anderen Menschen teilen.

Diese zwei Gefahren, die in allen möglichen Zwischenstadien erscheinen können, findet man durch zwei französische Gedichte in schöner Weise beschrieben:

Je suis un habitant de ma ville

Je suis un habitant de ma ville, un de ceux
Qui s'assoient au théâtre et qui vont par les rues;
Une voix qu'on entend, une face aperçue
Dont certains ont gardé la forme dans leurs yeux.

Mon vouloir que jadis je vénérais, n'est rien
Qu'un éphémère élan du vouloir unanime;

Je méprise mon coeur et ma pensée intime:
Le rêve de la ville est plus beau que le mien.

Je n'ai pas le désir enfantin d'être libre;
Mon idéal usé pend après de vieux clous.
Je disparais. Et l'adorable vie de tous
Me chasse de mon corps et conquiert chaque fibre.

Et tandis que j'avais naguère mal au bras
De porter mon paquet d'angoisse, gros et dense,
Avec ce qui me reste encor de conscience,
Je connais le bonheur de n'être presque pas.

Jules Romains

Ich bin ein Bewohner meiner Stadt

Ich bin ein Bewohner meiner Stadt, einer von denen
Die sich ins Theater setzen und durch die Straßen laufen;
Eine Stimme, die man hört, ein Gesicht, das man sah
Von welchem einige noch den Umriß in ihren Augen tragen.

Mein Wille, den ich einst so schätzte, ist nichts
Als ein kurzer Anstoß des allgemeinen Willens;
Ich verachte mein Herz und mein inneres Denken:
Der Traum der Stadt ist schöner als meiner.

Ich habe nicht den kindlichen Wunsch frei zu sein;
Mein abgenutztes Ideal hängt an einem alten Nagel.
Ich verschwinde. Und das wunderbare Leben von allen
Vertreibt mich aus meinem Körper und erobert jede Faser.

Und während mir früher der Arm schmerzte,
vom Tragen meiner großen, dichten Last,
Mit dem Rest an Bewusstsein, der mir übrig bleibt,
Lebe ich mit dem glücklichen Gefühl kaum etwas zu sein.

Jules Romains:

La citadelle

Si tu veux être grand, bâtis ta citadelle
Loin de tous et trop haut, bâtis-la pour toi seul.
Qu'elle soit imprenable et vierge, et qu'autour d'elle
Le mont fasse un rempart et la neige un linceul.

C'est là qu'il faut bâtir l'asile de ton âme.
Et pour que ton désir y soit la seule loi,
Que rien n'accède à lui de l'éloge ou du blâme,
Grave sur ton seuil blanc le mot magique: „Moi".

Puis cent verrous, et clos ta porte au vent qui passe!
Ferme tes quatre murs au quadruple horizon,
Et si le toit te pèse, ouvre-le vers l'espace
Pour que l'âme du ciel entre dans ta maison!

Chante! Nul n'entendra ton hymne, et que t'importe?
Chante pour toi; ton coeur est l'écho de ton coeur!
Les désert élargis rendront ta voix plus forte,
Les déserts chanteront pour te répondre en choeur.

Tu n'as qu'une patrie au monde, c'est toi-même!
Chante pour elle, et sois ton but, et soit ton voeu!
Chante, et quand tu mourras, meurs dans l'orgueil
suprême
D'avoir vécu ton âme et fait vivre ton Dieu!

Edmont Haraucourt

Die Festung

Willst du groß werden, so baue dir eine Festung,
Weit von allen und zu weit oben, baue sie für dich allein.
Sie soll uneinnehmbar und unberührt sein , und um sie herum
Soll der Berg ein Wall und der Schnee ein Leichentuch
sein.

Da sollst du die Herberge für deine Seele bauen.
Und damit dein Begehren ihr einziges Gesetz wird,
Damit nichts von Preisung und Tadel es erreicht,
Schreib mit dem Meißel auf der blanken Schwelle das
magische Wort: «Ich».

Schließe dich hundertfach ein, und mache deine Tür dem
hausierenden Wind zu!
Verschließe deine vier Wände dem vierfachen Horizont,
Und wenn das Dach dich bedrückt, öffne es zum Himmels-
gewölbe,

Dass die Seele des Himmels dein Heim betritt.
Singe! Niemand wird dein Lied hören – was kümmert es
dich?

Singe für dich; dein Herz wird das Echo deines Herzens
sein.
Die erweiterten Wüsten werden deine Stimme erstarken,
Die Wüsten werden dir gemeinsam ihre Antwort singen.

Eine einzige Heimat hast du in dieser Welt: du selbst!
Singe für sie und sei dein eigenes Ziel, sei dein Gelübde.
Singe und an der Schwelle des Todes sterbe mit dem
höchst hochmütigen Gefühl,
Deine Seele erlebt, und dein Gott ins Leben gebracht zu
haben!

Edmont Haraucourt

Die Menschwerdung zwischen Auflösung und Verkrampfung im
Ich zeigt, dass man in der Erziehung nicht eine Art Individualität
an sich zu berücksichtigen hat, sondern den Menschen, wie er auf
Erden in dem Gewand seiner Persönlichkeit lebt. Entscheidend für
die Erziehung ist, dass das Ich, das Individuelle in der Persönlichkeit und durch die Persönlichkeit, die teilhat an der Vererbungsan-
lage, an dem sozialen Milieu, an der elterlichen Liebe, an der ganzen
Menschheit, im Laufe der Biografie immer mehr zum Vorschein
kommt … oder nicht.

Daraus ergibt sich die Frage, ob dieser Entwicklungsprozess der
Persönlichkeit, die sowohl am Individuellen als auch an der Umwelt,
das heißt am Menschheitlichen teilhat, völlig individuell verläuft,
oder ob es sozusagen Rahmenbedingungen dafür gibt. Wenn eine
gewisse Gesetzmäßigkeit in der Entwicklung des Menschen bezie-
hungsweise des Kindes zu beobachten ist, bleibt es zunächst offen,
ob sie geradlinig oder in Phasen verläuft.

Auch wenn die moderne Neurowissenschaft die Neigung zeigt,

immer früher Kinder für schulreif zu erklären, kennt sie durchaus Stufen der menschlichen Entwicklung, so dass die eigentliche Frage ist: Wie verläuft die biografische Entwicklung des Kindes – linear oder in Phasen mit Krisenpunkten dazwischen?

3. Die Erziehungskunst Rudolf Steiners

Dimensionen des Menschen

Von all den pädagogischen Richtungen, die oben angeführt wurden und die man mit anderen Beispielen ergänzen könnte, scheint die zuletzt zitierte, diejenige zu sein, die die beste Grundlage liefert, um Individualität und Entwicklung anhand der Persönlichkeit in ihrem Spannungsfeld zwischen Eigenem und Menschheitlichem zu beschreiben. Der Hintergrund der Pädagogik Rudolf Steiners, die Anthroposophie bietet die ausführlichste begriffliche Differenzierung der angesprochenen Richtungen und beschreibt am Genauesten was die Kindesnatur ist. Und zwar so, dass auch die modernsten Ergebnisse der neurologischen Wissenschaften dabei einbezogen werden können.

Differenzierung der Perspektive

Je nachdem, welcher weltanschaulichen, philosophischen oder religiösen Richtung man sich zugehörig fühlt, werden verschiedene Worte verwendet, um eigentlich das Gleiche zu formulieren. So sprechen die einen von der Entelechie oder Individualität, andere vom Ich, andere wiederum von der Persönlichkeit, vom Ego, vom Gehirn als Identität stiftender Ort im Physischen, von dem Menschen, von dem Über-Ich oder gar von einem Menschheits-Ich, und meinen dabei nahezu das Gleiche, das was man mit dem Wort *Ich* zusammenfassen könnte. Die übrigen Bezeichnungen sind aber wie immer bei den sogenannten Synonymen wichtige Variationen des Gleichen, die aber durchaus andere Aspekte dieses Gemeinsamen zum Ausdruck bringen.

So verstehen wir hier die Individualität als das Ich des Menschen, das von Leben zu Leben konstant bleibt und nicht verloren geht. Diese Bezeichnung setzt also die Idee der wiederholten Erdenleben beim Menschen voraus.

Unter *Ich* verstehen wir das, was sich im Menschen als unsichtbarer geistiger Mittelpunkt der Seele erfährt. Wendet sich dieses Ich mehr dem Geistigen zu, so kann man vom *Selbst* sprechen als eine Offenbarung der geistigen Welt innerhalb des Ich; wendet sich dagegen das Ich mehr den Sinnesempfindungen zu, so kann man in diesem Augenblick vom Ich als *Ego* sprechen, das Mittelpunkt des Menschen im Leiblichen ist, und für eine Offenbarung der physischen Welt innerhalb des Ich sorgt.

Unter *Persönlichkeit* versteht man eine Art Zusammenfassung der verschiedenen Haltungen des Ich im wachen Zustand während des Lebens, also zwischen Geburt und Tod. In einer negativen Form nannte der Sozialpsychologe Heiner Keupp diese Art des Seins eine *Patchwork-Identität*.

Vom Gehirn im physischen Leib als Identität bildendes Organ oder sogar als «Ich» selbst zu sprechen, sind wir durch die moderne Wissenschaft gewohnt.

Unter Menschheits-Ich oder Über-Ich verstehen wir hier eine Wesenheit, die unabhängig von der Volkskultur- oder Religionszughörigkeit für jeden Menschen erfahrbar ist, und die der Sinnfrage des Lebens eine neue Dimension gibt. Man findet Wesenszüge dieser Wesenheit jeweils unter einem anderen Namen in allen Religionen, Kulturen und Völkern der Welt. Bei den Indern lebte diese Wesenheit in *Vishvakarman*, bei den Persern in *Ahura Mazdao*, bei den Griechen in *Dionysos*; sie lebt auch bei den Juden als erwarteter *Messias*, bei den Christen als *Christus* und die christlichen Religionsgemeinschaften haben diese Wesenheit ins Zentrum ihres religiösen Erlebens und Strebens gestellt.

Diese gebündelten Perspektiven bilden gemeinsam eine Art Organ, um die Odyssee der Menschwerdung in ihrer Komplexität besser zu erfassen. Man stößt wieder auf die Polarität menschheitlich / individuell und entdeckt dabei, dass der Mensch sich in zweifacher Weise entwickelt. [7]

Zwei Entwicklungsströmungen

Das Individuelle und das Ego-mäßige

Durch die eine Entwicklungsströmung offenbart sich das, was man das Ego-Bewusstsein nennen kann. Durch die Ego-Strömung hindurch erscheint nun das Individuelle des Menschen.

Zu dieser ego-individuellen Strömung gehören die Besonderheiten und Eigenarten des Menschen, das was aus dem vorigen Leben als Folge, als Aufgabe oder als Chance in das gegenwärtige Leben hinein wirkt. [8] Alles, was individuell ist, was über das einzelne Leben hinaus lebt, fließt in diese Entwicklungsströmung hinein.

Fragt man sich, wie man pädagogisch mit dieser Strömung im Menschen umgehen soll, so findet man bei Rudolf Steiner eine klare Antwort: Man kann auf das Individuelle nicht einwirken, da es sonst seinen individuellen Charakter verliert. Würde man das Individuelle erziehen, so wirkte man nur auf das in dieser Strömung mit enthaltene Ego. [9] Das Individuelle wird also hier in seiner Unantastbarkeit erkannt und gewürdigt.

Worin besteht aber dann die Erziehung? Erzogen wird an der anderen Strömung im Menschen, an der Strömung der Jahrsiebte, an der differenzierten menschheitlichen Strömung, und Steiner hat sich selbst von Anfang an streng an diese Unterscheidung gehalten.

Das Ego-mäßige im Menschen erlaubt der Individualität die Freiheit zu erlangen. Würden von vorne herein alle Rätsel des Daseins von der Individualität durchschaut werden, so wäre der Mensch nicht frei. Nur dadurch, dass er ein individuelles Werkzeug, das Ego hat, mit welchem er individuell umgehen kann, das heißt im Sinne des Guten wie des Bösen, erlangt er nach und nach die Freiheit des Willens. [10] Die Möglichkeit des Irrtums ist dem Ego gegeben, und die

Überwindung desselben durch das Ego in der Persönlichkeit führt zu Freiheit. Dies ist die positive Seite des Egos; die andere Seite ist seine Verstrickung mit der physisch-sinnlichen Welt, wodurch die Möglichkeit des Irrtums entsteht, weil die göttlichen Ziele in der physischen Welt nicht direkt wahrnehmbar sind.

Hier ahnt man schon, dass die Odyssee der Menschwerdung mit Irrwegen, mit Irrfahrten verbunden sein wird, mit Abenteuern und Prüfungen, die es im Sinne des Individuellen, das nach dem Guten strebt, zu überwinden gilt.

Individualität und Ego äußern sich durch die gleiche Entwicklungsströmung des Menschen und gehören zusammen wie der Handwerker und sein Werkzeug. Man muss sie dennoch gut von einander unterscheiden und sie nicht verwechseln. Auf dem Gebiet der Selbstständigkeit merkt man, wie leicht eine Verwechselung eintreten kann. Die Selbstständigkeit des Egos beginnt um das dritte Jahr herum. Das Kind erlebt in der Trotzphase sein Ego zum ersten Mal. Dieses Ego schreit nach Selbstständigkeit: bietet die Mutter dem Kind ein Honigbrot an, so erwidert das Kind «ich will aber Nutella». Das ist eine Form von Selbstständigkeit. Da regt sich die Seele in ihrer Beziehung zum Leiblichen. Die Selbstständigkeit des Individuellen ist eine andere und kann erst später, nach langer Reifung zur Geltung kommen. Wenden sich die Kräfte des Individuellen nicht dem selbstbezogenen Ego zu, sondern werden sie in Objekt- und Situations-bezogenen Zusammenhängen selbstlos, dann kommt sozusagen ein anderes Ich als das Ego-Ich zu Geltung. Was ein Nelson Mandela, ein Gandhi, ein Newton in ihrem Leben geleistet haben, kommt nicht von den Ego-Kräften, auch wenn diese bei ihrem Tun beteiligt waren. Ihre individuelle Leistung, das was man mit jedem von ihnen verbindet, zeigt die Seele im Zusammenhang mit dem Individuellen, mit der eigenen Mission oder Aufgabe.

Was geschieht aber im Menschen, wenn das Ego-mäßige sich verselbstständigt, sich gegen das Individuelle auflehnt, sogar das Individuelle vergisst? Was macht ein Steuermann, der das nächste Etappenziel kennt, aber keine Übersicht über die gesamte Reise hat, ohne den Kapitän?

Würde man auf die individuelle / Ego-mäßige Entwicklung als Pädagoge einwirken wollen, so würde man sehr leicht das Ego-mäßige schüren und zum Egoismus entwickeln. Die pädagogische Tätigkeit kann sich nur auf die andere, auf die allgemeine Strömung richten.

Die allgemeine Strömung im Menschen: die Jahrsiebte

Durch die eine Entwicklungsströmung fließen die Kräfte, die allen Menschen *gemeinsam* sind. Diese Strömung entfaltet sich durch die von Rudolf Steiner so genannten Jahrsiebte, und man könnte sie auch die *Entwicklungsströmung der Jahrsiebte* nennen.

Der Mensch lebt fortwährend in der Dualität seines bewusstseinsorientierten, individuellen Wesens und seiner zeitbezogenen, allgemein menschlichen Stofflichkeit, seiner Leiblichkeit. Die Leiblichkeit des Menschen ist zwar von Mensch zu Mensch differenziert, doch hat er sie mit den anderen Menschen gemeinsam. Darin äußert sich die andere Entwicklungsströmung, die durch das Medium der Zeit, durch die Jahrsiebte wirkt.

Unsere Leiblichkeit ist mit der Vererbung, mit der Umwelt, mit der ganzen Menschheit verbunden: Von Adam und Eva stammen wir alle ab, unabhängig davon welcher Rasse, welcher Volksgemeinschaft, welchem Familienkreis wir durch unsere Geburt angehören. Das ist unsere menschheitliche Seite, die, auch wenn sie von Adam und Eva bis zum Familienkreis immer mehr spezialisiert wird, doch bewirkt, dass wir alle eine Nase und zwei Augen, einen Mund und zwei Ohren, also die gleiche physische Grundlage haben.

Die Leiblichkeit des Menschen kann differenziert beschrieben werden. Sie besteht nicht nur aus dem mineralisch Toten des Skeletts. Alle lebenden Menschen haben einen *physischen Leib* aus Fleisch und Knochen, aber auch einen *Lebensleib* (auch Ätherleib genannt), eine biologische Grundlage, wie die Pflanzen. Außerdem haben wir als Menschen zum Beispiel im Gehirn eine leibliche Grundlage für Gefühle, für Gedanken, für das Bewusstsein und für den Willen, die alle durch die *Seele* zum Ausdruck gebracht werden (auch *Astralleib* genannt). Wir sind darüber hinaus in einem weiteren Glied unseres Menschseins auch so organisiert, dass ein *Ich* – das Individuelle eben – sich in uns regen kann. Eine Ich-Leiblichkeit, die physische Grundlage unseres Ich gehört auch zu uns.

Der Mensch besteht in seinem Leben als Persönlichkeit aus diesen vier Wesensgliedern. Sie gehören zusammen, aber sie entwickeln sich nicht vollständig gleichzeitig, sondern in einer geregelten zeitlichen Abfolge. Mit der Geburt ist die physische Grundlage des Menschen fertig und kann Träger des individuellen Lebens werden. Ungefähr sieben Jahre dauert es, bis die bildenden Lebenskräfte im Menschen so weit in ihrem Schaffensprozess gekommen sind, dass ein Teil davon frei wird, z.B. zur seelischen Handhabung durch die Institution Schule. Die Früheinschulung, die zurzeit überall diskutiert wird, kann man vergleichen mit der Situation eines Hausbauers, der sein Haus bis auf den Putz und die Heizung fertig gestellt hat, aber sich entscheidet, das Haus nicht zu Ende zu bauen, sondern darin schon seiner beruflichen Tätigkeit nachzugehen. Das nächste Wesensglied, der Astralleib, kommt wieder ungefähr ein Jahrsiebt später zur Selbstständigkeit und steht damit zur freien Verfügung.

Der Entwicklungsrhythmus der Jahrsiebte bildet den zeitlichen Rahmen der menschheitlichen Entwicklungsströmung der Persönlichkeit. [11] Rudolf Steiner nannte diese Strömung, die eine Art Idealzustand der Menschheit verkörpert, die *Strömung der Jahrsiebte*. Der Umgang mit den Eigenschaften vor allem der ersten drei Jahrsiebte bildet den Grundstock der Waldorfpädagogik. Hier sind Erziehung und Pädagogik sinnvoll und notwendig.

Indem der Erzieher oder Pädagoge seine erzieherische Tätigkeit auf diese Seite des Menschen konzentriert, ermöglicht er dem Kind eine freie Entfaltung seiner Individualität. Würde er direkt das Individuelle bilden, prägen oder gestalten wollen, dann würde er sein Eigenes dem Kind aufzwingen; andererseits würde das Individuelle des Kindes nicht genug zur Geltung kommen, wenn der Erzieher oder Pädagoge nichts unternehmen und das Individuelle dem Schicksal seiner eingeengten Menschheitlichkeit überlassen würde. Hier liegt also das Moderne dieses pädagogischen Ansatzes, der einen Weg zwischen Aufzwingen und Sich-selbst-überlassen, aufzeigt. Die pädagogische Behandlung der Strömung der Jahrsiebte schafft Lebenssituationen, in welchen der Persönlichkeit passende Instrumente verschafft werden, mit denen der werdende Mensch dann individuell umgehen kann.

Letztendlich vollzieht der Erzieher oder Pädagoge eine Hebammentätigkeit. Er hilft bei der Geburt des ätherischen Leibes, bei der Geburt des Astralleibes und bei der Geburt der Ich-Organisation. Allerdings dauert die wirkliche Hebammentätigkeit nur einige Stunden, während der Pädagoge jeweils ungefähr sieben Jahre für jede Wesensgliedgeburt benötigt. Gelingt es, diese längeren Geburten durch die Erziehung zu pflegen, so kann sich das Individuelle freier äußern. [12] Wird ein Wesensglied mangelhaft gestaltet, kümmert sich der Erzieher nicht um die Pflege eines Wesensgliedes, so hat die Individualität des Kindes nicht das Organ, um sein Individuelles zu äußern und individuell damit zu wirken. Dann kann der Mensch nichts mit sich anfangen, er langweilt sich und neigt zu Depression oder zu Gewalt.

Die rasch entstehende «Nutella-Selbstständigkeit», die für das Kind und den Jugendlichen sehr wichtig ist, damit der Mensch sein Leben auf der Erde meistert, gerät immer wieder in Konflikt mit der anderen, langsam entstehenden Selbstständigkeit des Individuellen. Die Ich-Organisation, die physisch-leibliche Grundlage des Ich, baut auf die drei vorher zu entwickelnden Wesensglieder und ist erst gegen das einundzwanzigste Jahr ausgereift. Das ist der Zeitpunkt, an welchem man sagen kann, dass der Mensch mündig geworden ist. Diesen Konflikt, der zwischen den beiden Entwicklungsströmungen im Menschen besteht, müssen Erzieher und Pädagogen fortwährend im Bewusstsein gegenwärtig haben. Dieser Konflikt ist die Hauptursache dafür, dass der werdende Mensch sein Leben als Odyssee, als Irrfahrt zu einem schwer erreichbaren Ziel erlebt. [13]

Dieses Ringen des Ich-Bewusstseins mit seiner in Raum und Zeit lebenden Ich-Organisation kann der Mensch fruchtbarer gestalten, wenn seine Erzieher das pädagogische Mittel der Jahrsiebte richtig handhaben.

Die Unterteilung der Jahrsiebte

Vergleichen Pädagogen aus verschiedenen pädagogischen Richtungen ihre Erfahrungen an den Kindern, die sie unterrichten, und sehen sie dabei von schon bekannten Lebensrhythmen wie z.B. Biorhythmen ab, so sind sie sich oft bei der Entwicklung der Kinder über Stufen oder Knotenpunkte einig, die sie auch in ähnlicher Weise beschreiben. Die erste Trotzphase um den 3. Geburtstag herum, ein Gefühl der Einsamkeit und die Neigung, sich zurückzuziehen nach dem 9. Geburtstag, eine diskrete Auseinandersetzung mit dem Thema Freundschaft nach dem 16. Geburtstag sind Erlebnisse, die an diesen Knotenpunkten der Biografie häufig auftreten. In der Waldorfpädagogik werden die Jahrsiebte differenziert «behandelt», was dadurch geschieht, dass jedes Jahrsiebt als biografischer Zeitraum angeschaut wird, der in drei Phasen mit entsprechenden Knotenpunkten dazwischen verläuft.

Mathematisch gesehen ergeben sich folgende Wende- oder Knotenpunkte, die einer Dreiteilung der Jahrsiebte entsprechen:

– Geburt – $2^{1/3}$ Jahre – $4^{2/3}$ Jahre – 7 Jahre
(gleichzeitig Übergang zum nächsten Jahrsiebt)
– $9^{1/3}$ Jahre – $11^{2/3}$ Jahre – 14 Jahre
(Übergang zum nächsten Jahrsiebt und in vielen Religionen Zeitpunkt der religiösen Mündigkeit)
– $16^{1/3}$ Jahre – $18^{2/3}$ Jahre
(mit 18 Jahren heute rechtmäßige Mündigkeit in vielen Ländern)
– 21 Jahre
(jetzt ist der Mensch erwachsen).

Angesichts solcher präzisen Zahlen kann man sich fragen, wie man eine Klasse von 30 Schülern, die in einem zeitlichen Abstand von bis zu 24 Monaten geboren wurden, unter Einbeziehung solcher Rhythmen unterrichten soll. Aber erstens reduziert sich die Zeitspanne erheblich, wenn keiner der Schüler am Ende des Schuljahres sitzen bleibt, und zweitens geht es um Verfeinerungen, die in den Jahrsiebten eingebettet sind, und schließlich sind solche präzisen Angaben, da der Mensch ein Individuum und kein Schablonenwesen ist, wie die Jahreszeiten aufzunehmen. Der Frühling fängt mathematisch gesehen meistens am 21. März an, doch kommt er selten auf den Tag genau; er kann drei Wochen vorher oder zwei Wochen später wettermäßig beginnen und ist trotzdem der Frühling und nicht der Sommer oder der Herbst. So wie das Wetter über den Beginn des Frühlings entscheidet, so sind die entsprechenden Erlebnisse der Kinder wichtiger als der mathematischer Zeitpunkt, denn diese Erlebnisse sind es, die es dem Erzieher oder dem Pädagogen ermöglichen, mit wacherem Blick und liebevoller Haltung seine Kinder oder Schüler zu begleiten. Dass die Jahrsiebte und ihre Unterteilungen nicht mathematisch genau sind, hat etwas Beruhigendes, denn daran sieht man einerseits, dass jeder Mensch das Menschheitliche individuell erlebt, andererseits spürt man daran, welch gesunder Halt das Regelmäßige für das Individuelle sein kann.

Zusammenfassung

Fassen wir zusammen: der Erzieher oder Pädagoge würdigt das Individuelle im Kind. Aber er merkt, dass er erzieherisch wirken muss, und konzentriert seine Tätigkeit auf die spezialisierte *menschheitlich-allgemeine* Seite der Persönlichkeit, die durch die Jahrsiebte ihre Entwicklung durchmacht. Dadurch erfährt die Persönlichkeit des Kindes eine Weitung, die ihm eine bessere Durchdringung seiner Organisation ermöglicht. Das Kind lebt im täglichen Ringen um Harmonie zwischen Organisation und Ich-Bewusstsein. Es spürt, dass es am Leben dies oder jenes, auf jeden Fall immer Neues erfolgreich lernen kann, wenn es sich damit auseinandersetzt. Das Leben im Alltag wird – meistens für das Kind selbst ziemlich unreflektiert – zu einer Abfolge von Abenteuern, die zu meistern sind und die es dann auch (das spürt jedes Kind mehr oder weniger) meistert.

Das ist die Odyssee der Menschwerdung. Sie führt das heranwachsende Kind, den Jugendlichen in das Erwachsen-Sein, in die Heimat seiner Organisation, das heißt zu sich selbst. Diese bildhafte Bezeichnung: *die ersten 21 Jahre der Biografie als Odyssee der Menschwerdung* ist aber nicht nur ein Bild. Beschäftigt man sich mit dem griechischen Helden Odysseus, so entdeckt man, dass die Abenteuer seiner Odyssee tatsächlich dem entsprechen, was das Kind bis zu seiner Mündigkeit durchmacht.

4. Odysseus –
der erste Held der Persönlichkeit

Der erste Held der Persönlichkeit

Odysseus ist keine mythische Gestalt mehr wie Herkules, Theseus oder Orpheus. Mit Trojas Ende hört das mythische Bewusstsein der griechischen Zeit auf. Und abgesehen von seiner Idee mit dem trojanischen Pferd im Krieg gegen Troja fangen Odysseus große Taten erst nach der Zerstörung Trojas an:

> Doch ich berichte dir nun den Leidensweg meiner Heimfahrt,
> Den mir Zeus verhängt, seitdem von Troja ich fort ging. [14]

Odysseus ist eine Persönlichkeit. Er ist ein Mensch, der mit beiden Füßen auf der Erde steht und über ein entwickeltes Denken verfügt. Er ist klug und listig, er nimmt die physisch-sinnliche Welt um sich herum nüchtern wahr, wohl wissend, welchen Wert diese Eigenschaft hat.

> Ich bin Odysseus, Laertes' Sohn, durch all seine Listen
> Bei den Menschen geschätzt; mein Ruhm reicht bis in den Himmel.

Und er verfolgt in seinen Wesenstiefen eigene Ziele, wie zum Beispiel die Rückkehr zu seiner Heimatinsel, Ithaka:

> … und ich kann wahrlich
> Gar nichts Süßeres anderes sonst als das eigene Land sehn.
> Hielt mich doch zurück die hehre Göttin Kalypso
> In der gewölbten Grotte, im Wunsche, ich werde ihr Gatte.
> So auch suchte mich die von Aiaía, die listige Kirke,
> In den Hallen zu halten, im Wunsche, ich werde ihr Gatte.
> Doch sie konnten mir nie den Mut in der Brust überreden.

Er handelt nach dem beliebten Motto der klassischen Griechen: «Lieber ein Bettler in der Tageswelt als ein König im Reich der Schatten. Und als Bettler wird er – der von den Phäaken reichlich Beschenkte – nach der Rückkehr in Ithaka den Weg zu «seinem» Palast antreten. Den Göttern dreht er von vornherein den Rücken zu; er versucht als Ich mit eigenen Mitteln seine Ziele zu erreichen. Nur in höchster Not und wenn sein Verstand versagt, wendet er sich ihnen zu.

Aber die Götter selbst lassen nicht von ihm ab. Athene beschützt ihn, Hermes beschenkt ihn, Zeus weiß von ihm und Poseidon verfolgt ihn. Und Odysseus kann sogar den Götterrat annehmen, wenn dieser kommt.

Diese Lage entspricht derjenigen des Kindes, das durch den Akt der Geburt der geistigen Welt den Rücken dreht, um sich der Erde und seiner eigenen Biografie zuzuwenden, das aber von den Göttern, sei es dem Schutzengel oder anderen göttlichen Kräften, nicht im Stich gelassen wird. Das Kind muss die Schritte gehen, die zu seinem Leben auf Erden gehören, aber die «Götter» sorgen dafür, dass es Schritte machen kann. So bekommt das Kind Ohren, Augen, Sprechorgane usw., aber es muss an der Erdenwelt individuell lernen, zu hören, zu sehen und zu sprechen.

Wir werden sehen, dass die Odyssee der erste Entwicklungsroman in der Literaturgeschichte ist; sie hat Urbildcharakter, und die Phasen dieser Entwicklung können uns Erwachsenen helfen, den werdenden Menschen im Kinde zu verstehen und so besser zu fördern.

Die ersten zwölf Abenteuer:

Die Odyssee besteht aus 24 Gesängen, von welchen die ersten dreizehn die Rückkehr nach Ithaka in zwölf Abenteuern schildern. Nach zwölf Abenteuern kommt Odysseus zum Ende seiner Irrfahrt und «nach Hause» zurück. In diesen zwölf Stationen lernt er mit der Kluft zwischen seinem höheren Ich und seinem Ego umzugehen. Sein höheres Ich möchte nach Ithaka zurück, aber die Reise bringt ihm Erlebnisse, bei welchen er gerne verweilen würde und auch lange verweilt. Die Gefahr besteht, dass er sein Hauptziel aus den Augen verliert und sich allein dem «süßen Alltag» zuwendet, oder dass er den Angriffen

feindlicher Kräfte unterliegt und stirbt. Andererseits entdeckt er, dass
er diese Erlebnisse sogar braucht, denn sie werden zu Erfahrungen,
die es ihm ermöglichen, die nächsten Stufen zu meistern. Schließlich
braucht er 21 Jahre, um diese zwölf Prüfungen zu bewältigen, die ihn
zu einem harmonischen Verhältnis zwischen seinem Lebensziel und
seinen alltäglichen Wünschen verhelfen. Verwandelt und bereichert
kehrt er nach Hause, das heißt zu sich selbst, zurück.

Übereinstimmung zwischen der Anthropologie und den Schwellenübergängen in den Abenteuern des Odysseus

Im dritten Kapitel haben wir gesehen, wie der werdende Mensch kraft
seiner Persönlichkeit langsam, Stufe für Stufe zu sich selbst kommt.
Die Motive, die am Beginn jeder neuen Stufe auftauchen, folgen einander und sind mit Krisen verbunden. Durch diese Krisen sucht jedes
Kind eine ihm gemäße, eine individuelle Lösung für die ihm entge-
gentretenden Fragen. Vergleicht man diese Krisen mit den Abenteuern des Odysseus, so findet man – nachdem man ihr Geheimnis ge-
lüftet hat – eine Übereinstimmung zwischen den Krisenmotiven bei
Odysseus und denen des Kindes. Das braucht uns allerdings nicht all-
zusehr zu wundern, denn seit Ernst Haeckel und seiner Entdeckung
des biogenetischen Grundgesetzes weiß man, dass der Mensch in
der Einzelentwicklung (Ontogenese) die Gesamtentwicklung der
Menschheit (die Phylogenese) wiederholt (Rekapitulation). So wie
die einzelne Tiergattung bis zur Ausgestaltung ihrer Leiblichkeit die
einzelnen Phasen der gesamten Tiernatur bis zum evolutiven Stand
ihrer Tierart wiederholt, so wiederholt der einzelne Mensch die einzelnen Phasen der gesamten Kulturentwicklung der Menschheit. Da
es sich hier um den Ich-Aspekt des Menschen handelt, haben wir es
mit dem Zeitraum zu tun, der bis zur Ausgestaltung der Ich-Orga-

nisation reicht, das heißt mit dem Zeitraum von der Geburt bis zur Mündigkeit.[15] Odysseus, der durch das trojanische Pferd die vorderasiatische Vergangenheit Griechenlands überwunden hat, leitet die eigentliche Kulturzeit Griechenlands ein, in welcher weltliche Könige, die sich auf die Kräfte ihrer Persönlichkeit und ihres Ich stützen, die Priesterkönige der Vergangenheit ablösen, die im Götterrat ihre Weisheit empfingen. Beim Morgenrot dieser neuen Kultur macht Odysseus auf der Ebene seines Volks die Phylogenese durch: «*Eine Einweihung, wie sie damals in Griechenland gepflegt wurde, ist uns in der Odysseus-Sage dargestellt, eine Einweihung, die nichts anderes war als eine im Astral-Mentalen* (im Seelisch-Geistigen) *erfolgte Wiederholung der Erlebnisse der Menschen in der lemurischen Zeit* (die Zeit der Schöpfungsgeschichte) *bis in die Zeit der Mysterien selbst. Odysseus ist der Schlaue, Kluge, und durch seine Fähigkeiten wurde Troja überwunden. Der kluge Verstandesmensch ist der Mensch der fünften Wurzelrasse* (gemeint ist die fünfte Entwicklungsepoche, also keine *räumliche* Untergliederung, sondern ein evolutiver *Zeit*raum). *Aber diese seine Heimat, seine Penelope, muss er wieder auf dem Umweg suchen, um in der fünften Wurzelrasse seinen Weg richtig gehen zu können. Derjenige, welcher bloß schlau und klug ist, würde innerhalb der fünften Wurzelrasse nicht den richtigen Weg finden. Er muss erst aus sich herauskommen und seinen Blick erweitern, indem er zurückblickt auf den langen Weg der Entwicklung des Menschengeschlechts. Odysseus ist der Repräsentant des schlauen Persönlichkeits-Menschen, der mancherlei Irrfahrten durchmachen muss, um in der fünften Wurzelrasse wieder zur Seele geführt zu werden.*» [16]

So wie man jede Sache von verschiedenen Seiten aus betrachten kann und dennoch vom Gleichen spricht, so kann man lernen, anhand der Erlebnisse des ersten Helden der Persönlichkeit auch im Kleinen, im Mikrokosmischen die Persönlichkeitsentfaltung des Kindes besser zu verstehen.

Ziel der folgenden Ausführungen

Was erwartet man von einem Vergleich zwischen den Entwicklungs-
phasen des Kindes und den Abenteuern des Odysseus?

Er soll Anregungen geben, um die Kinder besser, genauer, tief-
gründiger und individueller zu verstehen.

Eltern erleben, dass ihr Kind in einer Krise steckt. Was können sie
tun? Bevor vielleicht ein Arzt eingeschaltet wird, kann ein Gespräch
mit der Kindergärtnerin oder dem Lehrer von Nutzen sein. Doch zu
Hause sind die Eltern wieder mit dem Alltag konfrontiert und haben
vielleicht das Bedürfnis, selber tiefer in die krisenhaften Erlebnisse
der Tochter oder des Sohns hineinzuschauen. Für Entwicklungs-
krisen kann das Sich-Vertiefen in die Abenteuer des Odysseus ein
Leitfaden durch die krisenreiche Zeit werden.

Durch Odysseus Taten werden die Ich-Kräfte in der Persönlichkeit sichtbar. Doch das Ich kann das Ego oder das tiefer liegen-
de Individuelle zum Ausdruck bringen; das Wort Ich benutzen wir
oft undifferenziert für beides. Die Kräfte des Egos erscheinen oft
im homerischen Epos durch die Matrosen des Odysseus: sie wollen einen anderen Weg gehen, halten sich nicht an Abmachungen,
sträuben sich gegen ihren Herrn oder stürzen sich ins Unglück, weil
ihr Bewusstsein nicht ausreicht, die bestehende Gefahr und die Ge-
samtzusammenhänge zu durchschauen. Es kommt aber auch vor,
dass einige Matrosen von Odysseus selbst geopfert werden, um
das gesamte Schiff zu retten. Das gehört auch zur Situation der
Krise. Die Prüfungen (von außen auf Odysseus zu kommend) und
die Krisen (von innen herrührend) werden durch das Abenteuer so
bildhaft dargestellt, dass jeder Betrachter daraus Lehren ziehen und
Anregungen für die eigene Lebenslage schöpfen kann.

Nehmen wir ein Beispiel: ein Jugendlicher mit vierzehn Jahren
verkündet zu Hause, von heute auf morgen sein Schicksal selbst

in die Hand nehmen zu wollen. Er macht sich einen genauen Plan für alles, was er am Tag erledigen will und nimmt sich vor, davon nicht mehr abzuweichen. Allerdings erwartet er, dass die Menschen seiner Umgebung genau so viel Charakter zeigen wie er. Seine zwölfjährige Schwester drangsaliert er, weil sie keine Ordnung in ihrem Zimmer hat. Seiner Mutter wirft er vor, in der Gesellschaft zu wenig zu leisten. Er begeistert sich für die philosophische Richtung des Stoizismus. Nach wenigen Wochen tauchen merkwürdige Symbole und Zeichen in seinem Zimmer auf. Man ahnt es schon ... der Rechts-Extremismus fasziniert ihn. Alles an ihm wird fest und spröde, ja fundamentalistisch. Es gibt nur noch Entweder-Oder-Lösungen, keine Mittelwege mehr. Die Eltern verzweifeln, erkennen ihren Sohn nicht mehr. Das Familienklima verhärtet sich; jeder geht auf Distanz. Der Junge wird immer rätselhafter, er wird von seinen Eltern immer weniger verstanden, bald abgelehnt und verstoßen.

Die entsprechende Krise bei Odysseus ist das Abenteuer, wo er den Weg zwischen Charybdis und Skylla finden muss. Auf der einen Seite wird Odysseus, wenn er seinen Eigenwillen zu stark einsetzt, sein Schiff gnadenlos gegen die hohe Klippe der Skylla führen, die ihn als Dämon töten wird, noch bevor er gegen den Felsen zerschellt. Auf der anderen Seite wird sein Schiff, wenn er die Gefahr der niedrigen Klippe der Charybdis unterschätzt, in einen Strudel geraten, von welchem er verschlungen werden wird. Man denke hier an die zwei Gedichte mit den extremen Haltungen des Ich im 2. Kapitel. Die Kenntnis dieses Abenteuers hilft, das Ziel nicht aus den Augen zu verlieren: den Weg zwischen den Extremen zu finden.

Ein ahnendes Verständnis entsteht. Zwar muss der Jugendliche sein Leben selbst meistern und seine Lösung für die Krise selber finden, doch welcher Unterschied, ob die Eltern erbost sich von ihm abwenden, so dass er noch tiefer in die Krise gerät, oder ob sie ihn verstehen und ihm in seinem Ringen mit leidend, aber warmherzig und vielleicht sinnvoll handelnd beistehen.

So wenden sich also die nachfolgenden Betrachtungen zunächst an Eltern, die das Bedürfnis verspüren, ihre eigenen Kinder besser zu verstehen und sie so durch die Bilder der verschiedenen Abenteuer mit empfindendem Gemüt zu begleiten. Dabei wird allerdings eine gewisse Vertrautheit mit der Menschenkunde der Waldorfpädagogik, wie sie in den ersten Kapiteln dieses Buches dargestellt wurde, vorausgesetzt. Gelingt es Eltern zum Beispiel, einerseits eine ablehnende Meinung zu diesem oder jenem, was die Tochter oder der Sohn tut, zu formulieren und zu begründen, andererseits aber ein Band der verständnisvollen Begleitung aufrechtzuerhalten, dann gibt es für die Jugendlichen viel mehr Möglichkeiten selbst an der Krise zu wachsen und den Weg zu sich selbst zu finden.

Daneben wenden sich diese Ausführungen aber auch an alle Erzieher und Pädagogen, die sich für eine kraftvolle Entwicklung ihrer Schüler einsetzen wollen und darin möglicherweise ein Instrumentarium entdecken werden, es genauer, phantasievoller und mit noch mehr Begeisterung zu tun.

Schließlich glaube ich, dass viele Waldorflehrer ihre menschenkundliche Ausbildung durch solche Erörterungen verfeinern können und in dem Vergleich zwischen den Schülern und Odysseus manches werden erkennen können, was sie durch ihr Studium der Anthroposophie und der Waldorfpädagogik schon angelegt haben. Denn Waldorflehrer werden darin eine Vorstufe zum Lehrplan finden und vielleicht von einer neuen, unerwarteten Seite Anregungen bekommen, den Lehrplan – die am Kinde abgelesene geistige, seelische und physische Situation des Kindes – besser zu ergreifen.

5. Die Abenteuer des Odysseus auf dem Weg von Troja nach Ithaka zurück

Das erste und zweite Abenteuer

Auf dem Rückweg zu seiner Heimat erlebt Odysseus zwölf Abenteuer. Wenn man die Knotenpunkte der Persönlichkeitsentwicklung von der Geburt bis zur Mündigkeit zusammenzählt, so findet man zehn. Dabei muss man bedenken, dass sich die zwei ersten Abenteuer von den späteren dadurch auszeichnen, dass sie sich in einem Nacht-umwobenen Seelenraum abspielen. Das erste ist ein Kampf, den Odysseus am Tag zu gewinnen scheint, doch in der Nacht – es ist bei den Griechen unüblich in der Nacht Kämpfe zu führen – letztlich verliert. Das zweite Abenteuer hat mit dem Trank der Vergessenheit zu tun. Diese ersten Abenteuer finden in einer besonderen Sphäre der geistigen Welt statt. Geisteswissenschaftliche Beschreibungen der Inkarnation des Menschen schildern die Phase, in der nach der Empfängnis das helle Bewusstsein der geistigen Welt in der Seele des Sich-Inkarnierenden sich nach und nach verdunkelt. Die Erlebnisse der geistigen Welt werden vergessen, damit der Mensch nach der Geburt sich in der sinnlich-physischen Welt zu Recht finden kann. Demnach könnte man erwarten, dass der nächste Knotenpunkt, das dritte Abenteuer mit dem Motiv der Geburt verknüpft ist.

Übersicht der Knotenpunkte der ersten drei Jahrsiebte und der zehn Abenteuer

Geburt	Bei den Zyklopen
2 $^{1/3}$ Jahre	Äolos und der Schlauch der Winde
4 $^{2/3}$ Jahre	Die Lästrigonen
7 Jahre	Kirke
9 $^{1/3}$ Jahre	Der Gang in die Unterwelt
11 $^{2/3}$ Jahre	Der Sirenengesang
14 Jahre	Zwischen Charybdis und Skylla
16 $^{1/3}$ Jahre	Die Rinder des Helios
18 $^{2/3}$ Jahre	Kalypso
21 Jahre	Nausikaa und die Heimat

Da wir gesehen haben, dass die präzisen Angaben nur die mathematische Seite des Ganzen wiedergeben, das Erscheinen der Knotenpunkte aber individualisiert verstanden werden muss, werden wir im Folgenden den mathematischen Angaben die «weichen» Bezeichnungen vorziehen und so vom fünften, zehnten, zwölften, siebzehnten, neunzehnten Jahr sprechen.

Die Abenteuer des ersten Jahrsiebts

Die Geburt und die Höhle des Zyklopen

Das Motiv der Nacht und des Vorgeburtlichen klingt am Beginn des dritten Abenteuers, bei der Landung auf der Zyklopeninsel nach.

> Dort liefen wir an, und es leitete irgendein Gott uns
> Durch die finstere Nacht, und nichts zu sehen erschien da;
> Denn um die Schiffe herum lag tiefer Nebel, der Mond schien
> Nicht vom Himmel herab, er war verhüllt von den Wolken.
>
> (Vers 142-145)

Dort begibt sich Odysseus mit zwölf ausgesuchten Gefährten auf die Insel. Sie entdecken bald eine Höhle, in welcher sich im Augenblick ihrer Ankunft kein Mensch befindet. Doch wohl nur vorübergehend, denn überall lagert eine große Menge von Milchprodukten: Käse, Molke, Milch. Nach einiger Zeit kehrt der Zyklop, ein einäugiger, vor Naturkraft strotzender, brutaler Riese in die Höhle zurück und verriegelt den Eingang mit einem derartig schweren Stein, dass selbst Odysseus mit seinen zwölf Männern ihn nicht wegschieben kam. Als der Höhlenbewohner die Besucher entdeckt, packt er zwei, dann

45

später nochmal zwei und verschlingt sie auf der Stelle mit Haut und Haar. Da keine Gastfreundschaft mit einem solchen Strolch möglich erscheint, entschließt sich Odysseus, ihn mit aus weiser Vorahnung mitgebrachtem Wein betrunken zu machen. Polyphem, der Zyklop genießt den Wein, der ihm als Gastgeschenk angeboten wird. Er fragt seinen edlen Gast nach seinem Namen, worauf Odysseus ihm antwortet, sein Name sei *Niemand*. Vom Wein betört schläft der Riese kurz darauf ein. Am nächsten Tag bereitet Odysseus mit seinen Männern einen Pfahl vor, den sie spitz machen und im Feuer härten. Sie blenden ihn während der Nacht. Der rasende Zyklop ruft andere Zyklopen um Hilfe; diese nähern sich der Höhle, aber schreiten nicht ein, weil auf die Frage, was denn los sei, der Zyklop antwortet: «*Niemand versucht mich zu morden.*» Da Odysseus und seine Gefährten die Höhle nicht selbst öffnen können, müssen sie warten, bis der geblendete Naturmensch seine Schafe weiden geht. Als dieser sie auf die Weide heraus schickt, betastet er den Rücken jedes Tieres, die er nicht mehr sehen kann; er merkt dabei nicht, dass Odysseus und seine Matrosen sich unter der Brust der wolligen Schafe angebunden haben, so dass Odysseus auf diese Weise ans Tageslicht kommt.

Wenn man die Situation des Kindes damit vergleicht, findet man in den Einzelheiten dieses Abenteuers eine schöne Beschreibung der Geburt. [17] Das dritte Auge, das Bewusstsein für das Geistige muss vor der Geburt schon dem Sinneslicht weichen, damit die Persönlichkeit sich dann entfalten kann. Die übermächtigen Kräften der Natur, die das Embryo bis zur Geburt gestaltet haben, müssen aufhören zu wirken und zu einem gewissen Abschluß kommen, damit das Kind in der Sinneswelt gedeihen kann. Auch der Zeitpunkt des Heraustretens aus der Zyklopenhöhle, sprich aus der Leibeshöhle des Mutterleibs wird nicht von Odysseus – vom Kind – bestimmt, sondern von den Kräften der Natur. Trotzdem ist das Ich daran beteilig, denn sowohl der zugespitze Pfahl wie auch der Wein, die für die Tatkraft des Odysseus eine entscheidende Rolle spielen, sind Attribute des Ich. Außerdem entzündet sich gerade an dieser Tat des Odysseus der Groll Poseidons. Poseidon wird Odysseus von nun an (und nicht von dem ersten Abenteuer an) mit Rachegefühlen verfolgen. Es ist, als ob das Kind mit dem Verlassen der geistigen Welt und dem Beginn der Inkarnation eine Schuld zu tilgen hätte, die erst mit dem Erwachsensein aufgehoben werden kann.

Äolos und der Schlauch der Winde

Der Fluch, den sich Odysseus infolge der Blendung des Zyklopen zugezogen hat, scheint zunächst nicht in Kraft zu treten. Odysseus kommt zur Insel des Äolos, des Herrn der Winde, der ihn freundlichst empfängt und später mit einem wertvollen Geschenk nach Hause schickt. Dieses Geschenk besteht aus einem Schlauch, der alle möglichen Winde enthält. Äolos persönlich bindet ihn vor Odysseus zu und gebietet ihm, den Schlauch nicht zu öffnen, sonst kämen die gegensätzlichsten Winde heraus, die seine Reise vereiteln würden. Als letztes Zeichen seiner Gastfreundlichkeit läßt Äolos noch einen leisen Westwind auf die Segel des sich entfernenden Schiffes wehen. So reist Odysseus ohne Hindernisse bis vor die Küste seiner Heimat.

Neun Tage dauert die gemächliche Reise. Am zehnten Tag erscheint den Seeleuten das Gefilde der Heimat, und die Leuchtfeuer leuchten nahe vor dem Schiff. In diesem Augenblick überkommt Odysseus der Schlaf. Die ganze Zeit hatte er allein am Steuer verbracht, und nun schläft er ein. Seine Gefährten glauben, dass der pralle Schlauch ein Gastgeschenk mit Gold und Silber sei. Sobald Odysseus das Ruder abgibt und sich schlafen legt, öffnen sie den

Schlauch und schauen hinein. Die Winde entweichen, miteinander kämpfend, ein Sturm braut sich zusammen, das Schiff wird weit von der Küste abgetrieben, und schließlich landet Odysseus erneut auf der Insel des Äolos.

Odysseus, der sich wieder an den so freundlich gewesenen Äolos wendet, wird mit der Frage empfangen: «*Wie nur Odysseus, kamst du? Welcher böse Dämon befiehlt dir?*» Odysseus liefert die Erklärung. Die Reaktion des Herrn der Winde ist überraschend: *Pack dich schnell von der Insel, du Schändlichster aller, die leben.*» (Od. 10/72) Und Odysseus zieht mit seinen Freunden in Eile, anscheinend ziellos, mit Ruderkraft davon. Sie ahnen nicht, dass sie schon auf dem Weg zum nächsten Abenteuer sind.

Im Sinne der Ich-Entwicklung ist die Zeit von der Geburt bis ungefähr zum dritten Lebensjahr (mathematisch gesehen bis zu $2^{1/3}$ Jahren; siehe oben) eine intensive aber doch ruhig verlaufende Zeit. Das Kind lernt sich aufzurichten und zu gehen, dann zu sprechen und anschließend fängt es an, Gedanken zu bilden; diese drei Tätigkeiten werden in diesem Zeitraum angelegt, sie werden sich in den ersten drei Jahrsiebten nach und nach ganz entfalten. Im dritten Lebensjahr findet ein Einschlag statt, der oft als Trotzphase zur Erscheinung kommt. Es ist ein Ich-Einschlag. Aber wenn man sich fragt, um welches Ich es sich genau handelt, muss man sagen, dass es hier um das Ego geht. Die Ego-Strömung, durch welche sich das Individuelle ausdrückt, durchkreuzt nun die menschheitliche Strömung der Ich-Organisation, die sich über den physischen Leib, den Lebensleib und den Astralleib durch die Jahrsiebte hindurch eine eigene Grundlage verschafft. Die Ego-Strömung bringt das Individuelle in einer eher eruptiven Weise hervor, durch Einschläge, die wie Gewitter wirken. Erst mit diesem Einschlag im Bewusstsein des Kindes tritt die Ego-Strömung in Kraft und führt zum ersten Knotenpunkt, zur ersten Krise der Ich-Entwicklung in der Persönlichkeitsentfaltung.

Das Ich-Gefühl, das im dritten Lebensjahr entsteht, vermittelt durch den entstehenden Trotz den Eindruck, das Kind verfüge bereits über ein voll entwickeltes Ich. Im Bewusstsein mag es so sein, die leibliche Grundlage für das Ich fehlt aber noch weitgehend. Das Ich-Gefühl des Dreijährigen ist nicht das Ich-Gefühl des Erwachsenen mit 21 Jahren.

Odysseus kommt fast bis zu seiner Heimat. Das heißt, er kommt fast zu sich selbst. Aber die Kraft dazu fehlt ihm letzten Endes. In der Diskrepanz zwischen dem ersten Teil und dem Schluss der Reise offenbart sich die Diskrepanz zwischen der planmäßigen Entwicklungsströmung der Jahrsiebte und der eruptiven Strömung des Persönlich-Individuellen. Im dritten Lebensjahr taucht im Menschen das Bewusstsein, zu sich selbst zu kommen, auf, aber es ist noch eine Illusion. Der Weg der Freiheit beginnt, aber das wahre Zu-Sich-Kommen bedarf noch vieler Krisen, die jetzt in dem Zurückgeworfen-Werden auf die Insel des Äolos angedeutet werden. Es kommt hier zu einem Neubeginn, nachdem ein «Dämon» – Dämon bedeutet auf griechisch sowohl «Teufel» als auch «eigener Genius» – in die Entwicklung eingegriffen hat. Das Ergebnis davon kann die freie Persönlichkeit sein, wenn Odysseus die bevorstehenden Abenteuer meistert.

Es gibt Kinder, die diesen Knotenpunkt mit wenig Dramatik durchmachen: die Trotzphase ist wenig ausgeprägt, die Schwierigkeiten sind gering. Bei anderen Kindern verläuft diese Zeit äußerst dramatisch. Der Erzieher an der Seite des Kindes kann zu der Frage kommen: Soll ich eher stärkend begleiten, das Eigenständige des Kindes fördern, oder soll ich eher beruhigend und ordnend begleiten, das heißt das Gesetzmäßige, die Lebensrhythmen, die Lebensgewohnheiten wie das regelmäßige Essen und Schlafen besonders betonen? Im Bewegen des an der Lebenssituation des Kindes entstehenden Bildes, wie das Kind die Krisensituation durchlebt, entstehen wertvolle Anregungen für den Erzieher.

Die Lästrigonen

Ohne Geleit auf sich selbst zurückgeworfen fahren Odysseus und die Seinigen weiter über das Meer:

> Weiter fuhren wir dann von dort bekümmerten Herzens,
> Und es zerrieb sich der Mut der Männer beim leidigen Rudern
> Unsrer Verblendung wegen, da kein Geleit sich mehr zeigte.
>
> (Od. 10.77-79).

Von der nächsten Insel, die sie erreichen, wird in geheimnisvoller Weise gesagt:

> Und sechs Tage fuhren die Nächte wir durch und die Tage,
> Kamen am siebten dann zur steilen Feste des Lamos,
> Nach Telépylos, dem lästrygonischen, dort wo der Hirte,
> Wenn er eintreibt, ruft, und es hört ihn der Hirte der austreibt
> ...
> Denn nahe sind dort die Pfade der Nacht und des Tages.
>
> (Od. 10.80-86)

Die kleine Flotte des Odysseus ankert im Hafen der ruhigen Bucht zwischen hohen Bergen, aber Odysseus selbst, dem Frieden nicht trauend, bleibt mit seinem eigenen Schiff etwas außerhalb der Bucht. Die Insel ist von Giganten bewohnt, die in rauchenden Erdhöhlen leben. Einer der die Insel erkundenden Männer wird von einem dieser Giganten aufgeschnappt und gleich gefressen, die anderen fliehen zu den Schiffen zurück, sie werden aber verfolgt, und mit riesigen Felsblöcken wird die kleine Flotte zerstört. Odysseus, der draußen in der Bucht ist, entkommt mit den letzten Gefährten seines eigenen Bootes.

Bezieht man dieses Abenteuer auf das Kind, so sollte man das Hauptfeld anschauen, wo die Entwicklung des Kindes in diesem Alter von statten geht: das Spiel. Kindergärtnerinnen unterscheiden drei Phasen des Spiels im ersten Jahrsiebt. In der ersten Phase schlüpft das Kind mit voller Seelenkraft in alles hinein, was ihm entgegenkommt. Es spielt spontan, sprunghaft wechselnd, je nach den sich anbietenden Eindrücken und die Spielpartner leicht wechselnd. Das Kind spielt als «vielfältiger Mensch», übernimmt nacheinander eine ganze Schar von Rollen. In dieser ersten Phase kommen die Anregungen von außen, wie die Winde des Äolos. In der zweiten Phase sind «*Die Pfade des Tages und der Nacht nahe*». Die Fantasie, die bewusstseinsmäßig wie der Traum in der Mitte liegt zwischen dem Zustand des Wachseins und dem des Schlafes, tritt in den Vordergrund der spielerischen Aktivität. Das Sinnlich-Wahrgenommene wird innerlich bewegt und fühlend umgeformt.

Mit dem fünften Lebensjahr, das Alter, welchem dieses Abenteuer entspricht, tritt eine Krise im Spiel auf. Zu den nun sich frei entfaltenden Fantasie- und Gefühlskräften tritt die beginnende Vorstellungskraft hinzu als Ausdruck des Willens und zwar mit der Tendenz, die Kräfte des Fühlens zunächst zu lähmen. Dabei tritt beim Kind das Phänomen der Langeweile auf. Früher schlief der Kopf bei den Willenshandlungen des Kindes, jetzt ist die Neigung vorhanden, dass der Wille sich nach und nach im Kopf, in der Vorstellungskraft spiegelt. Würde der Wille nicht anfangen, sich zu spiegeln, dann würde er gigantisch, roh und wie die Lästrygonen zerstörerisch werden.

Wird die Krise der Langeweile im fünften Lebensjahr überwunden, so wird das Spiel zielgerichteter und ausdauernder. Kleine Arbeiten wie Tisch decken, Geschirr spülen, Gemüse schälen, Stühle richten usw. werden zu sinnvollen Betätigungen an der Seite der älteren Kinder, der Kindergärtnerinnen oder der Eltern.

Wir sehen, wie das Kind, das anfänglich durch seine Empathie eine ganze «Flotte» von rasch wechselnden Rollen und Persönlichkeiten sein konnte, sich immer mehr in sich selbst zentriert. Mit dem beginnenden Vorstellungs- und Gedächtnisleben fängt es an, in dem «einzelnen Schiff» seiner Körperhülle seine Vielfalt zu erleben. So wie Odysseus vor der Insel der Lästrygonen mit einer kleinen Flotte herumreiste und nach diesem Abenteuer mit einem einzigen Schiff seine Pilgerfahrt fortsetzt, so macht das Kind im fünften Lebensjahr einen weiteren Sprung in Richtung Selbständigkeit, indem es lernt, sich in sich selbst stärker zu erleben. Dieser neue Umgang mit sich selbst und der Welt führt das Kind bald an die Schwelle zur Schulreife, dem Übergang zum zweiten Jahrsiebt.

Wird die Einschulung zu früh, also zu nah an das «Erlebnis mit den Lästrygonen» herangerückt, so hat das Kind zu wenig Möglichkeiten, die anfängliche Spiegelung des Willens durch die neue Form des Spiels nachzuvollziehen. Dadurch fängt der Wille, der ja nur durch seine Spiegelung bewusst wird, an, im Organischen zu rumoren.

Für die Eltern kann es ein Trost sein, zu wissen, dass eine Phase der Langeweile im fünften Lebensjahr einen Sinn hat. Langeweile gibt es unter Umständen davor oder danach auch, die Frage ist aber, welcher Natur sie dann ist. Gut beraten können sich Eltern fühlen, wenn sie lernen, dass das Ablenken des Kindes von seiner Langeweile, das Überschütten des Kindes mit neuen Eindrücken, Spielzeugen, Entertainment usw. die gesunde Entwicklung des Kindes nicht fördert. Das moderne Zivilisationsleben mit seiner Fülle von Eindrücken regt eher das Zurückbleiben im «Flotte-Erlebnis» des Ich an, statt das Ich in der eigenen Körperhülle, im «eigenen Schiffe» zu stärken. Andererseits fördert eine verfrüht angeregte Intellektualität in diesem kindlichen Alter die so nötige Spiegelung des Willens nicht.

Kirke

Das nächste Abenteuer führt die auf dem «leidigen Wasser» Ir-
renden zu der Zauberin Kirke. Dieses Abenteuer wird in der Odyssee ausführlich beschrieben. Es ist die Geschichte einer Verwand-
lung, die den Übergang bildet zwischen urkräftigen, gierigen oder
vernichtenden Mächten, wie sie bei den Zyklopen und den Läst-
rigonen in Erscheinung traten, zu raffinierteren aber auch böse
erscheinenden Kräften, die bei der Zauberin Kirke zum ersten Mal
auftauchen.

Dieses Abenteuer fängt mit einer Vorgeschichte an. Nachdem
Odysseus auf der Nachbarinsel der Kirke angekommen ist, erholen
sich alle Gefährten zwei Tage lang. Dann steigt Odysseus auf einen
Hügel, um die Lage zu erkunden und einen Überblick zu bekommen. Er entdeckt auf der Insel nebenan einen aufsteigenden Rauch,
woraus er schließt, dass die Insel bewohnt ist. Nun handelt er nicht
sofort, sondern überlegt sich eine Strategie. Bevor sie sich zu der
bewohnten Insel begeben, sucht er nach Nahrung und erlegt einen
riesigen Hirsch, an welchem sich alle reichlich laben können. Der
Gang zu Kirke findet also nicht statt, um Hunger und Durst zu stillen.
Vielmehr sucht Odysseus nach einer Orientierung:

> Freunde, wir wissen ja nicht, wo das Dunkel ist, wo der Morgen,
> Noch wo die Sonne, die Sterblichen leuchtende, unter die Erde,
> Noch wo sie aufgeht; laßt uns also aufs schnellste bedenken,
> Ob noch ein Ausweg ist; doch glaube ich selbst, es ist keiner.
> (Od. 10.189-193)

Der Entschluss, zur rauchenden Insel zu gehen, wird also mit Be-
sonnenheit vollzogen. Odysseus teilt die Mannschaft in zwei gleich-
wertige Hälften, von welchen er die eine führen wird und Eurylochos

die andere. Dabei entscheidet das Los, dass Eurylochos mit seinen Männern sich auf den Weg zu machen hat, während Odysseus mit den Seinigen beim Schiff bleibt.

Die erkundende Gruppe wird von Kirke, der Gebieterin der Insel freundlich empfangen und zum Trinken und Speisen in ihr Haus gebeten, das aus gehauenen Steinen (also keine Höhle) gebaut ist. Vorsichtshalber bleibt Eurylochos, der Vertreter des Odysseus, im Wald versteckt und beobachtet, was sich abspielt. Die Männer trinken und essen, aber Kirke hat in die Speisen ein Zauberkraut hineingemischt, so dass alle in Tiere verwandelt werden:

> Die nun hatten von Schweinen die Köpfe, die Stimme, die Borsten
> Und die Gestalt; jedoch der Verstand blieb ständig wie früher.
>
> (Od. 10. 239-240)

Eurylochos, der dem Schicksal der Gruppe entkommen war, konnte zum Schiff des Odysseus zurückgehen und ihm alles erzählen.

Odysseus zögert nicht lange; er wirft sich das Schwert um und geht zur Kirke, um seine Gefährten zu befreien. Unterwegs aber kommt ihm Hermes entgegen, der ihm ein Gegengift in der Form der Pflanze «Moly» sowie genaue Anweisungen zur Zähmung der Kirke gibt. Kirke empfängt den Fremdling, versucht ihn auch in ein Tier zu verwandeln und wundert sich, dass der Zauber nicht wirkt. Sie versteht bald, dass dieser Mann Odysseus sein muss, dessen Besuch die Götter ihr vorausgesagt hatten:

> Wer und woher bist du von den Menschen? Wo deine Eltern
> Und die Stadt? Ich staune, dass dich der Zauber nicht packte,
> Als du die Kräuter trankst; die hielt kein anderer Mann aus,
> Der sie trank und dem sie übers Gehege der Zähne
> Kamen. Unbeugsam muss dir dein Sinn in der Brust sein.

> Du bist Odysseus, der vielgewandte, von welchem mir immer
> Sagte der Argostöter mit goldenem Stab, dass er komme,
> Wenn er von Troja, kehre im schnellen Schiffe, dem schwarzen.
>
> (Od. 10.328-330)

Odysseus wird also in seiner Ich-Qualität von ihr erkannt. Daraufhin befreit Kirke auf sein Geheiß die anderen Männer und bietet ihm an, die anderen zu holen und das Schiff ans Land zu ziehen. Nun aber erleben die wartenden Gefährten beim Schiff seelisch mit Freudegefühlen, was die anderen leiblich durchlitten haben:

> Da traf ich bei dem schnellen Schiff die werten Gefährten
> Jämmerlich klagend an und quellende Tränen vergießend.
> Wie wenn Kälber im Feldgehege den Kühen der Herde,
> Wenn sie zum Stall heimkommen, da sie von der Weide ge-
> sättigt,
> Alle zugleich entgegen springen; es halten sie keine
> Zäune mehr auf, sondern ständig muhend laufen herum sie
> Um ihre Mütter, so stürzten, als sie mit den Augen mich sahen,
> Jene weinend heran; (...)
> Dass du wiederkehrst, o Zeusgenährter, das freut uns
> So, als seien nach Ithaka wir in die Heimat gekommen.
>
> (Od. 10. 408-420)

Odysseus erlöst sie von ihrem Schmerzen, indem seine Rückkehr ihnen das Gefühl der Heimat, das heißt ihre Identität zurückgibt.

Eine lange, angenehme Zeit verbleibt Odysseus bei der verwandelten Gastgeberin Kirke. Doch irgendwann bittet Odysseus Kirke, ihn nach Hause zu entlassen. Kirke willigt ein. Und erst jetzt enthüllt sie ihm, was er tun muss, um nach Hause zurückzukehren. Odysseus muss als Nächstes auf seinem weiteren Weg das Schlimmste tun, was einem Griechen geschehen kann; er muss in den Hades, in die Unterwelt hinunter, um dort weitere Anweisungen für den Fortgang seiner Reise zu erhalten.

Es gehört zur Grundlage der Waldorfpädagogik, zu erfassen, dass die den Menschen bildenden Kräfte am Beginn des Lebens leiblich wirken, das heißt die Leiblichkeit ausgestalten. Ein Teil dieser Kräfte beginnt nach sechs bis sieben Jahren seelisch wirksam zu werden.[18] Durch Selbsterziehung und Schulung kann der erwachsene Mensch diese Kräfte später eine Stufe höher, auf der geistigen Ebene wachrufen.

Beim Kirke-Abenteuer haben wir es mit dem Zeitraum am Übergang des ersten zum zweiten Jahrsiebt zu tun, wo die Umwandlung Leib bildender in seelische Kräfte geschieht. Mit dem einsetzenden Zahnwechsel, der letzten plastischen Ausgestaltung der bildenden Kräfte im Leib, beginnt dieser Übergang. Es ist, als ob die zweiten Zähne einen Riegel bilden würden für die von oben nach unten wirkenden plastischen Kräfte im Leib, so dass sie unwirksam im Leib werden, wenn sie über «das Gehege der Zähne» in den Leib kommen.[19] Würde die Gestalt des Menschen weiter ausgestaltet werden, dann würde sie nun so spezialisiert werden, wie es bei den verschiedenen Tierarten der Fall ist.[20]

Jetzt steht ein Teil der den Leib bildenden Kräfte für die Seele zur Verfügung. Wir haben es nicht wie im ersten Jahrsiebt primär mit der Erhellung des Bewusstseins zu tun, das sich aus den Tiefen, aus dem Dunkel des Leibes befreit, sondern mit der Polarität von Leben und Tod, von Lebendigem und Abgestorbenem. Odysseus muss deshalb in die Unterwelt, weil er ein Erlebnis der Todeskräfte haben muss, wenn er auf dem Weg zur Heimat, zu sich selbst weiter kommen will.

Wo der Mensch in seiner Entwicklung voranschreitet, erweist sich Kirke nicht mehr als böse Zauberin, sondern als die Lehrerin des Odysseus. Denn das ist sie. Sie sorgt für das leibliche und seelische Wohl des Odysseus und seiner Freunde. Sie verwandelt die Schweine in die Gefährten zurück, sie läßt die nach ihrem Herrn darbenden Männer beim Schiff holen, sie bietet allen, bis das Jahr sich rundet, Speise und Trank. Schließlich beschreibt sie Odysseus die Schritte, die für seine Zukunft entscheidend sein werden. Das Abenteuer bei Kirke ist ein Bild für die beginnende Schulzeit.

Eltern und Erzieher können mit dem Kirke-Abenteuer ein Gefühl für die Wichtigkeit dieses Zeitpunktes im kindlichen Leben entwickeln. Auf der einen Seite lernt man sich zu fragen: Was wirkt vergiftend, schwächend, die Zukunft hemmend? Auf der anderen Seite kann man sich fragen: Was machen die Kinder seelisch durch, wenn sie wie die Matrosen am Schiff nicht die Anregungen erhalten, die sie zu ihrem gedeihlichen Leben brauchen, wenn sie ohne Autoritätsperson – Odysseus – vor sich hin leben? Die Eltern können an Kirke die Kriterien entdecken, die einen modernen, zeitgemäßen Lehrer im Sinne des zweiten Kapitels ausmachen:

– Dieser Lehrer sucht nach dem Ich, nach dem Individuellen des Kindes (Wer und woher bist du von den Menschen ...).
– Er ahnt dieses Individuelle in der Persönlichkeit des Kindes (Du bist Odysseus ...)
– Er richtet seine pädagogischen Handlungen nach den Bedürfnissen dieses Individuellen in der Persönlichkeit aus, was eine therapeutische Wirkung haben kann (Kirke verwandelt die Männer zurück ...).
– Er bringt jede Sache zu einer passenden Zeit an das Kind heran (Erst nachdem Odysseus Kirke gebeten hat, ihn zu entlassen, erzählt sie ihm von dem Gang in die Unterwelt).
– Und schließlich und allgemein sorgt er für Lebensmut und Kräftigung seiner Zöglinge, und nicht für Schwächung durch Schulstress oder intellektuelle Überforderung.

Die Abenteuer des zweiten Jahrsiebts

Der Gang in die Unterwelt

Kurz ist die Fahrt von der Insel der Kirke zum Eingang in die Unterwelt:

> Einen Tag lang fuhr das Schiff mit geschwollenen Segeln;
> Und die Sonne versank, und es dunkelten alle die Wege,
> Da erreicht´ es den Rand des tiefen Okeanos-Stromes.
>
> (Od. 11.11 – 13)

Odysseus findet leicht die von Kirke beschriebene Stelle und folgt ihren Anweisungen, indem er mit seinen Männern die Opfergaben vorbereitet und ein Opfertier schlachtet. Sofort erscheinen viele Seelen von Toten, die er nicht kennt. Obwohl ihn «bleiches Entsetzen packt», vertreibt er mit dem Schwert die Seelen, die nicht an das Opferblut gelangen dürfen, bevor er Teiresias, dem Weisen, den er aufsucht, seine Fragen stellt. Elpenor, einer der Gefährten, der kurz vor der Abfahrt von Kirkes Insel in einem Unfall starb und noch nicht begraben wurde, erscheint ihm als erste Seele und dieser bittet seinen Herrn, nach seiner Hadesfahrt seine Leiche auf der Insel der Kirke zu bestatten. Odysseus Mutter erscheint als Nächste, doch er muss sie zunächst abweisen, damit er Teiresias als erster ansprechen kann. Alsdann erscheint die weise Seele des Teiresias, der als einziger jenseits des Todes die Möglichkeit hat, über das Leben zu sprechen und die Zukunft zu schauen. Teiresias weiht Odysseus in die Geheimnisse seiner Irrfahrt in die Heimat ein, indem er ihm andeutet, was ihn in dem zehnten, elften und zwölften Abenteuer sowie anschließend auf der Insel Ithaka erwartet:

Heimkehr, honigsüße, Odysseus, strahlender, wünschst du.
Doch die wird dir erschweren ein Gott; ich fürchte, du wirst
                                                       dem
Erdenerschütterer nicht entgehen; denn immer noch grollt er
Dir im Zorn, weil du den lieben Sohn ihm geblendet.
Dennoch kämet ihr wohl noch heim, wenn auch Schlimmes
                                             erleidend,
Falls du deinen Mut und den der Gefährten zurückhältst,
Wenn du zuerst, dem veilchenfarbenen Meere entronnen,
Mit dem trefflichen Schiff die Insel Thrinakia anläufst.
Weidend werdet ihr dort die Rinder und kräftigen Schafe
Finden des Helios, welcher ja alles sieht und mit anhört.
Lässest du diese unversehrt und denkst an die Heimkehr,
Mögt nach Ithaka ihr, wenn auch Schlimmes erleidend,
                                               gelangen.
Wenn du sie aber raubst, dann künde ich dir Verderben
Für Gefährten und Schiff (10. Abenteuer); und magst du auch
selber entrinnen,
Kehrst du spät und schlecht nach Verlust all deiner Gefährten
                                        (11. Abenteuer)
Heim auf fremdem Schiff (12. Abenteuer) und triffst zu Hause
                                           noch Unheil.
                         (Od. 11. 100 – 115)

Nach der Prophezeihung des Teiresias kann sich Odysseus mit schwerem Gemüt seiner Mutter zuwenden. Sie gibt ihm Kunde von ihr, von dem Vater, von der Ehefrau Penelope und vom Sohn Telemachos. Es folgt dann ein Gespräch mit den Frauen und Töchtern der verstorbenen griechischen Helden.

An dieser Stelle muss man auf die Komposition der Odyssee hinweisen. Odysseus, der seine Irrfahrt am Ende des 12. Abenteuers als Gast beim Volk der Phäaken dem König Alkinoos erzählt, unterbricht hier seine Erzählung, weil er befürchtet, dass seine Rede zu lange dauern könnte. Der König Alkinoos aber möchte mehr hören, und Odysseus setzt seine Beschreibung fort. Er spricht davon, dass er im Hades noch den Helden des trojanischen Kriegs sowie einer Reihe von griechischen Heroen begegnete. Danach kommen Scharen von Toten mit furchtbarem Getöse, und Odysseus flieht in die Oberwelt zurück, weil er befürchtet, dass ihm die Gorgone erscheint, was seinen wirklichen Tod zu Folge hätte.

Die Hadesfahrt hat einen Nachklang. In der Unterwelt hat Odysseus seinem verstorbenen Gefährten Elpenor versprochen, zu Kirke zurückzukehren, um seine Leiche ordentlich zu bestatten. Dies geschieht. Kirke empfängt Odysseus mit großzügiger Gastfreundlichkeit und belehrt ihn:

Aber wohlan, esst nun von der Speise und trinkt von dem
                                                          Weine
Hier den ganzen Tag, und dann mit erscheinendem Frührot
Fahrt ihr ab; ich werde den Weg euch weisen und alles
zeigen, damit ihr nicht zu Wasser oder zu Lande
Durch verderbliche Arglist quälende Leiden erduldet.
                                            (Od. 12.23 – 227)

Und Kirke beschreibt sehr genau, was Odysseus im 8. und 9. Abenteuer zu tun haben wird. Das sind Abenteuer, die Teiresias in seinen Worten nicht erwähnt hat.

Soweit die Erzählung bei Homer. Was können solche Geschehnisse mit der Biografie des Heranwachsenden (wenn wir den Entsprechungen folgen, handelt es sich um den Zehnjährigen) zu tun haben?

Der Knotenpunkt im zehnten Lebensjahr wurde von vielen Schul-
ärzten, Heilpädagogen, Lehrern untersucht. Die Grundmotive dieser Krise sind immer die folgenden: ein Sich-in-sich selbst-Zurück-
ziehen, Fragen über Fragen, die oft nicht nach außen dringen und
unbemerkt bleiben, Einsamkeitserlebnisse, Todesangst, das Bedürfnis hinter die Sinneswelt, hinter die Dinge des Lebens zu kommen, gekoppelt mit dem Verlust der bisher belebten Umwelt: man
glaubt endgültig nicht mehr an Weihnachtsmann, Osterhasen usw.,
Erkraftung des Ich-Gefühls, aber oft in einer leidenden, schmerz-
haften Weise (Bin ich wirklich das Kind meiner Eltern? Wer bin ich
wirklich? Wer sind meine Vorbilder? In wen habe ich wirklich Vertrauen?). Es entsteht ein neues Spannungsverhältnis zwischen dem
Ober- und dem Unterbewusstsein aber in dem Sinne, dass im Ober-
bewusstsein rückblickend einiges abstirbt oder als abgestorben erlebt wird, während die Blutskräfte im Unterbewusstsein zu rumoren
anfangen, die Gefühle verdichten und ein neues Identitätsgefühl
im Dunkel der Seele ahnen lassen. Ein Zornausbruch vor diesem
Zeitpunkt nimmt den Zornigen nicht so in Anspruch wie danach.
Eine treffende Formulierung dieses Erlebnisses hat der Philosoph
Jean Paul Sartre in seinem autobiografischen Werk «les mots» gegeben: «*Zu diesem Leben, das ich mühselig fand und das ich nur zum
Instrument meines Todes hatte werden lassen, kam ich insgeheim
zurück, um es zu retten. Ich schaute es mir mit künftigen Augen an
und es erschien mir rührend und wundervoll... Ich suchte mir als Zukunft die Vergangenheit eines großen Verstorbenen und versuchte
rückwärts zu leben. Zwischen neun und zehn Jahren wurde ich ganz
posthum*».

Der Zusammenhang mit dem Gang des Odysseus in die Unterwelt
ist symbolisch klar einzusehen. Das Kind macht in diesem Alter
Ähnliches durch, indem es sich von seiner Umwelt zurückzieht und
sich in die Tiefen seiner Seele in einer Weise begibt, die vorher nicht

bekannt war. Auch stellt das Kind viele Fragen an die Vergangenheit und an die Zukunft. Es ist gut, dass die Erwachsenen wissen, dass Kinder diese Fragen in sich tragen, die sie oft nur am Abend vor dem Einschlafen, nachdem die Mutter mit ihnen gebetet hat, zaghaft und nicht selten mit Tränen zum Ausdruck bringen. Manchmal aber werden existenzielle Fragen an fast Fremde, an Verwandte, denen die Kinder Vertrauen schenken, gestellt. Eine Stimmung des tiefen Ernstes umhüllt die Situation, in der das geschieht. Oder umgekehrt, an der Oberfläche bleibend wird das Kind aggressiv kritisch und entwickelt Lust am Abstand nehmen, und am Sich- Distanzieren mit Worten. Immer aber häufen sich hier die Lebensfragen.

Aber den Gang in die Unterwelt braucht man nicht nur symbolisch auffassen. Es muss noch einen tieferen Hintergrund geben. Aus unseren Kenntnissen der alten Kulturen heraus wissen wir, dass es in den Seelentiefen des Menschen eine Schicht gibt, wo wir mit der Welt der Verstorbenen ständig verbunden sind, wo wir unterbewusst mit den Verstorbenen im Kontakt sind. Zu einer Beschreibung dieses verborgenen Hintergrunds gelangt man aber nur mit Hilfe des Gebets oder der Geisteswissenschaft, in der Rudolf Steiner solche Zusammenhänge untersucht hat. So spricht die Geisteswissenschaft von einem Unterschied in den Wesenstiefen vor dem zehnten Lebensjahr und danach. Für den Zustand zwischen dem Aufwachen und dem Einschlafen wurde die Krise oben charakterisiert und der Vergleich mit der Odyssee aufgezeigt. Dem fügt die Anthroposophie eine Beschreibung des Zustands zwischen dem Einschlafen und dem Aufwachen hinzu. [21]

Im dritten Kapitel haben wir gesehen, wie der Mensch aus vier Wesensgliedern besteht, dem physischen Leib, dem Lebensleib, dem Seelenleib und dem Ich. Nun stehen diese Wesensglieder vor dem neunten, zehnten Lebensjahr in einem anderen Zusammenhang zueinander als später. In der Nacht bleiben im Schlaf bis zum neunten, zehnten Jahr alle vier Glieder enger verbunden, während nach diesem Zeitpunkt das Ich und der Seelenleib sich stärker vom physischen Leib und dem Lebensleib lösen. Diese Wesensglieder, die sich also nun mehr von ihrer physischen Grundlage emanzipieren, tragen dazu bei, dass das ältere Kind viel mehr ein dualistisches Wesen als das kleine Kind ist. Indem dies geschieht, erfasst sich das Individuelle im Kind stärker und es bildet von nun an das aus, was später über die Schwelle des Todes getragen wird. Ansonsten hat das kleinere Kind einen viel stärkeren Bezug zum Leben in Richtung Geburt und Empfängnis oder sogar davor.

Odysseus in der Unterwelt, also auch das Kind in der Krise um das neunte Jahr, muss am Anfang seine Beziehung zur Mutter überwinden, indem er sie zurückstößt. Dann wendet er sich der Zukunft in der Gestalt des Teiresias zu.

Stirbt ein Kind vor dem neunten, zehnten Lebensjahr, so findet seine Seele leicht den Weg zurück zum vorigen Leben im Geist, dem es das kurze, abgeschlossene Leben angliedern kann. Stirbt ein Kind nach diesem Zeitpunkt, so trägt es sein Geistig-Seelisches durch die Pforte des Todes, und darin liegen dann schon die Keime für die zukünftige Inkarnation.[22] Hier kann man verstehen, dass in der Waldorfpädagogik dieser Krisenpunkt als *Rubikon* bezeichnet wird, jener Übertritt eines kleinen Flusses zwischen Gallien und Italien durch Julius Cäsar, von dem Cäsar wusste, dass sein Leben nach diesem Schritt nie mehr wie sein Leben vorher sein würde, weil er Folgen für seine ganze Biografie haben würde.

In der Unterwelt wie in dem Leben des Kindes in diesem Alter teilt sich die Biografie in die zwei Hälften von Vergangenheit und Zukunft. Und die Zukunft, die Odysseus vor sich sieht, sie fängt laut Teiresias Bericht erst mit dem zehnten Abenteuer an. Beim Kind bedeutet es also, dass die voraus geschaute Zukunft erst richtig mit dem dritten Jahrsiebt (das zehnte Abenteuer betrifft das Alter von

$16^{1/3}$) anfängt, wenn der Seelenleib frei geworden ist. Kirke spricht als gute Lehrerin erst jetzt, nachdem Odysseus unter dem Anlass der Bestattung Elpenors zu ihr zurückgekehrt ist, von der Zeit bis zum Ende des zweiten Jahrsiebt, denn Kirke ist des Odysseus Lehrerin für das gesamte zweite Jahrsiebt. In der Waldorfschule weiß jeder Klassenlehrer, dass die Schüler ihn nach dem Rubikon anders sehen als vorher; Ähnliches gilt für die Eltern.

Dies müssen Eltern heutzutage wissen. Unsere moderne Zivilisation gibt solchen Gedanken selten Raum. Aber Eltern brauchen, um die Kinder besser verstehen und begleiten zu können, ein Bewusstsein vom Unterschied zwischen Vorgeburtlichem und Nachtodlichem. Diese Unterscheidung hilft vieles vom Wesen des Menschen neu zu verstehen und sie trägt dazu bei, den Begriff der Individualität tiefer zu fassen, indem Begriffspaare wie Gedächtnis und Fantasie, Wachen und Schlafen und anderes besser gedacht und nachempfunden werden können.

Die Sirenen

Was Kirke dem Odysseus über das nächste Abenteuer, die Begegnung mit den Sirenen gesagt hat, erzählt er seiner Mannschaft, so dass alle mit dem gleichen Wissensstand in die Prüfung gehen.

> Freunde, nicht einem allein oder zweien gebührt es zu
> wissen,
> Welche Geschicke mir Kirke, die hehre Göttin verkündet,
> Sondern ich will sie euch sagen, damit wir wissend entweder
> Sterben oder, den Tod vermeidend, dem Schicksal entrinnen.

Erstens gebietet sie uns, der gotterfüllten Sirenen
Tönenden Sang zu meiden sowie ihre blumige Wiese.
Mich allein hieß sie die Stimme zu hören; doch ihr sollt
Dann mit schmerzender Fessel, damit ich dort unverrückt
                        bleibe,
Aufrecht mich an den Mastschuh binden, mit Tauen
                       umwunden.
Wenn ich dann flehe und euch befehle, ihr möchtet mich
                       lösen,
Alsdann sollt ihr mich fester mit noch mehr Banden umschnüren.
                    (Od. 12.154 – 164)

Wenn der Wind plötzlich aussetzt, versteht Odysseus, dass es an
der Zeit ist, Wachs für die Ohren der Matrosen zu verteilen, und er
läßt sich an den Mast binden. Die Sirenen versuchen Odysseus und
seine Gefährten zu verführen, aber die tauben Seemänner rudern auf
der glatten See weiter und bald sind alle außer Gefahr. Souverän hat
Odysseus mit Kirkes Rat dieses Abenteuer gemeistert.

Odysseus und seine Männer verfügen in diesem Abenteuer über
den gleichen Wissensstand, aber sie sollen sich nicht gleich verhalten. Die Sinne der Matrosen sollen ausgeschaltet werden; in dem
Fall sollen sie nicht hören. Bei Odysseus ist es der Wille, der ausgeschaltet werden soll; dafür soll man ihn interessanterweise am Mast,
einem Symbol für das Ich fesseln. Hier sieht man, wie die Dualität
im Menschen sich verstärkt und jeder Pol des Menschenwesens
droht, einen getrennten Weg zu gehen. Die Rettung kommt dadurch
zustande, dass Odysseus im voraus aus seinem Nerven-Sinnes Pol,
aus seinen Wahrnehmungen und seinem Verstand heraus Befehle
an den Willenspol der Seemänner erteilt, deren Nerven-Sinnes Pol
durch das Wachs paralysiert ist. Umgekehrt aber soll während der
Versuchung der Wille der Matrosen nicht vom Flehen und Drohen

des sinnvoll gefesselten Odysseus beeinflußt, sondern lediglich verstärkt werden. Aber sobald der Wille des Odysseus in Schach gehalten wird, darf er den Sirenengesang hören und sogar genießen.

Beim zwölfjährigen Kind findet man diese Situation wieder. Zunächst müssen die zwei Pole der Sinne und des Verstandes einerseits und des Willens andererseits lernen, miteinander harmonisch umzugehen: bei Odysseus wird diese Harmonie durch das rechtzeitige Gespräch mit den Seemännern gewährleistet; jeder wird sich im Sinne des Ganzen verhalten können.

In der Schule kann das Fach Handwerk in diesem Alter viel dazu beitragen. Der Lehrer bietet den Schülern an, aus Holz eine Schale zu schnitzen. Die Jugendlichen gehen ans Werk und bald zeigen sich zwei extreme Verhaltensweisen. Ist bei einem Jugendlichen der Nerven-Sinnes Pol zu stark, und beherrscht dieser zu sehr den Willen, so entsteht nur eine sanfte Mulde im Holz, die Wände der Schale sind zu dick, die Schale ist nicht schön. Ist umgekehrt der Wille des Jugendlichen zu stark für seinen Nerven-Sinnes Pol, so werden die Wände der Schale dünn, die Vertiefung tiefer und tiefer und bald ist der Boden durchlöchert: die Schale ist ruiniert. Gleichzeitig aber müssen die einzelnen Pole für sich entwickelt und verstärkt werden. Eine Erstarkung des Nerven-Sinnes Pols kann man erreichen, in dem man Naturwissenschaftliches an die Jugendlichen heranbringt: sie müssen lernen, ohne Eigenwillen und Absichten zu beobachten, was sie zum Beispiel bei Experimenten sehen. Daraus entsteht eine wichtige Grundlage für die freie Urteilskraft. Die Erstarkung des Willenspols geschieht dadurch, dass der Jugendliche übt, bis zu Ende zu führen, was er sich vorgenommen und in Angriff genommen hat. Sich nicht ablenken lassen, sich von keinen Scheinargumenten entmutigen lassen, sich auf sein eigenes Tun konzentrieren, das will jetzt im besonderen Maße gelernt werden und Erzählungen über große Seeleute und Abenteurer können Vorbilder dafür liefern.

Das Beschriebene mitten in der Zeit der Pubertät zu kultivieren, ist nicht leicht. In der modernen Konsumgesellschaft, die genau so wie die Sirenen einen verführerischen Gesang von sich gibt, noch weniger. Dennoch ist es notwendig, weil die Erstarkung der Pole in der Menschennatur sowie ihr harmonisches Miteinanderweben, eine Art Prophylaxe gegen die Süchte bildet, die im nächsten Jahrsiebt das Kind aus dem Gleichgewicht im Ich herausreißen können. In diesem Alter ist es Aufgabe der Eltern und Erzieher, darauf zu achten. Da aber kann die Odyssee eine diagnostische Hilfe sein, indem sie dem Erwachsenen hilft zu entscheiden, ob das Kind, das er begleitet, mehr wie Odysseus oder mehr wie die Matrosen ist. Das heißt, ob man bei diesem oder jenem Kind mehr «die Ohren zustopfen», oder ob man es «am Mast fesseln» muss. Dem entsprechend muss sich bei diesem oder jenem Kind die Sorge mehr auf den Nerven-Sinnes Pol oder mehr auf den Willenspol richten.

Skylla und Charybdis

Als Kirke dem Odysseus ihre Unterweisungen für das Abenteuer bei Skylla und Charybdis gab, schickte sie voraus:

> Sind die Gefährten sodann an jenen (den Sirenen) vorüber
> gefahren,
> Will ich dich dort nicht mehr mit langen Worten bereden,
> Welcher der Wege der deine sein wird, sondern du selber
> Hilf dir mit eigenem Rat; ich sage dir jeden von beiden.
> (Od. 12. 55 – 58)

Odysseus wird mit seinem Schiff auf zwei Klippen im Meer zusegeln. Die eine ist ein hoher, glatter Fels mit einem mehrköpfigen

Ungeheuer, der bellenden Skylla. Die Strömung führt so zum Felsen, dass die Schiffe zerschellen, oder wenn sie entkommen, das Ungeheuer die Seeleute herausgreift und tötet. Die andere Klippe ist niedrig und unscheinbar, aber nicht weniger gefährlich. Sie ist umwogen von einem mächtigen Strudel, Charybdis genannt, der dreimal am Tag das Wasser einschlürft und es später wieder ausspeit. Odysseus soll nicht gerade vorbeisegeln, wenn Charybdis einschlürft.

Dann fügt Kirke doch hinzu:

> … halte dich nah an die Klippe der Skylla, und treibe
> Schnell dein Schiff vorbei; denn es ist ja immer noch besser,
> Sechs Gefährten im Schiff zu vermissen als alle zusammen.
>
> (Od. 12. 108 – 110)

Odysseus hört sich diesen Rat an und erwidert:
> Sage mir auch noch dieses, Göttin, so wie es wahr ist,
> Könnte ich nicht vielleicht entrinnen der schlimmen Charybdis,
> Aber der Skylla wehren, wenn sie die Gefährten hinweggrafft?
>
> (Od. 12. 113 – 114)

Kirke warnt vor dieser Absicht:

> Schrecklicher, steht dein Sinn dir wieder nach Werken des
> Krieges
> Und nach Mühen, und weichst du nicht den unsterblichen
> Göttern?
> Diese ist ja nicht sterblich, sie ist ein unsterbliches Übel,
> Schrecklich ist sie und lästig und wild und nicht zu bekämpfen;
> Abwehr gibt es da nicht, und Flucht vor ihr ist das Beste.
>
> (Od. 12. 116 – 120)

Kirke fügt sogar etwas hinzu, was wir heute einen «Tipp» nennen würden: Odysseus soll, wenn er nah an Skylla vorbeisegelt, Kratáis, Skyllas Mutter rufen, denn diese wird helfen, dass Skylla nur einmal nach Seemännern schnappt.

Dies war die Ankündigung; dann kommt die Realität. Odysseus kommt an die zwei Klippen. Seinen Männern erteilt er genaue Befehle für die Durchfahrt. Er selbst allerdings vergißt einen Teil des Rates, den Kirke ihm gab, und rüstet sich zum Kampf gegen Skylla. Skylla gelingt es, beim Vorbeifahren des Schiffes sechs Matrosen zu rauben und grauenvoll zu töten, aber das Schiff zieht gerade noch an den Felsen vorbei. Das Schiff entkommt wohl auch dem Strudel der Charybdis, was aber mit keinem Wort erwähnt wird, denn bald befindet sich Odysseus vor der Insel Thrinákia, wo ihn das nächste Abenteuer erwartet.

Wenn wir auf die Entwicklung des Ich durch die Persönlichkeit des Jugendlichen eingehen, kommen wir mit diesem Abenteuer an den Übergang vom zweiten zum dritten Jahrsiebt, an die Zeit um das vierzehnte Jahr herum. Die Motive, die man aus diesem Abenteuer herauslesen kann sind folgende:

– Wie verhalten sich die Jugendlichen in diesem Alter?
– Was verliert und was gewinnt der Jugendliche in dieser Zeit?
– Welche Rolle spielt die freie Urteilskraft?
– Wie müssen die Eltern und Lehrer in dieser Zeit sich verhalten, damit sie für die Heranwachsenden noch eine Hilfe sein können?

Mit diesem Abenteuer geht Kirkes erzieherischer Auftrag zu Ende. Kirke ist für Odysseus die Autorität schlechthin gewesen: sie verkörperte für ihn die göttliche Weisheit, ohne selbst eine Göttin zu sein (auch wenn sie einmal von ihm als Göttin angesprochen wird). Den Göttern hat er den Rücken zugekehrt, um auf der Erde seine Reife zu suchen. In diesem Abenteuer hat aber die Lehrerin Kirke ihr Verhalten Odysseus gegenüber abgewandelt. Sie will nun lediglich ihrem Zögling die zwei Gefahren beschreiben, denen er ausgesetzt werden wird, aber er soll sich selber helfen und selber den Weg bestimmen, den er einschlagen will. Allerdings mündet die Beschreibung doch in einen Rat (*halte dich nahe an der Klippe der Skylla*). Nachdem sie auf das Gespräch, das Odysseus sucht, eingegangen ist, gibt sie ihm einen «Tipp», in welchem viel Mitgefühl liegt und auch das Ahnen, dass Odysseus sich nicht an alle ihre Anweisungen halten wird, weil er eben selber seinen eigenen Weg finden soll. Eltern und Lehrer müssen also noch die Autorität ausüben, die der Siebenjährige zur Gestaltung seines Lebens brauchte. Aber diese muss sich während des zweiten Jahrsiebts wandeln. So wie die Eltern akzeptieren müssen, dass das zehnjährige Kind sie plötzlich wie von außen ansieht und ihnen vielleicht merkwürdige und auch schmerzliche Fragen stellt, so wie sie auch um das zwölfte Jahr des Kindes mit den Lebensgewohnheiten noch streng genug sein müssen, damit der Heranwachsende den ersten Sirenengesang der Konsumgesellschaft unbeschadet überhört oder überwindet, so müssen jetzt die Eltern und Lehrer dem Vierzehnjährigen, der mitten in der Pubertät steckt, zeigen, «wo es lang geht», aber ohne in das Tun des Jugendlichen einzugreifen, der seinen eigenen Weg finden soll. Der Führer und Leiter im Erwachsenen wird langsam zum Freund, der der dem Jugendlichen zur Seite steht, und bei welchem (wie Odysseus) man sich Rat holt.

Denn ideal ist, dass der Jugendliche in diesem Alter lernt, bei sich selbst Rat zu suchen, das heißt aber auch, sich Rat bei Freunden zu holen. Bei Odysseus taucht dieses Motiv zum ersten Mal auf, als er das Gespräch mit Kirke sucht und über seine Absicht zu kämpfen spricht, was ihm von Kirke dann abgeraten wird. Sind die vorigen Stufen schlecht durchlaufen worden, dann tauchen in der Zeit der späten Pubertät kaum überwindbare Probleme auf, und man versteht die Prophezeiung des Teiresias, der zwei Wege beschreibt, einmal den Weg, den er gehen wird, wenn er die Prüfung besteht, dann aber auch den Weg, den er wird gehen müssen, wenn er die Prüfung nicht besteht.

Der Jugendliche braucht die selbsttätige Auseinandersetzung mit der Welt (und mit sich selbst), und es ist klar, dass er daran Federn lassen wird, sowie Odysseus sechs Matrosen verliert, obwohl er es durch Kirkes Rat hätte vermeiden können. Das wirft die Frage nach der Schuld auf: Jeder Mensch macht sich ab diesem Alter in irgend einer Weise mehr oder weniger schuldig, jeder schmiedet sich sein Schicksal und tritt ihm entgegen, und immer weiß man hinterher, man hätte dies und jenes besser machen können. Das gehört zur Erdenreife. Man wird Mensch mit allen Stärken und Schwächen und man muss lernen, das Beste daraus zu machen. Der Jugendliche mag den Eindruck haben, die göttliche Welt und ihre Vermittler verloren zu haben. Dafür entdeckt er im erhöhten Maße seine eigene Freiheit. Im Sinne der zwei Strömungen, die wir in Kapitel Drei beschrieben haben, darf das Eigene nicht zu stark Überhand nehmen, es muss der Sinn für das allgemein Menschliche und für die Erdennöte gepflegt werden, was den begleitenden, nicht zu entbehrenden, erwachsenen «Freunden» obliegt.

So ist für dieses Alter der Stein des Anstoßes die freie Urteilskraft. An ihrer Entwicklung wird der Jugendliche frei oder nicht. Sie besteht aus einem sachlichen, distanzierten Abwägen zwischen Möglichkeiten (den zwei Felsen), deren einzelne Elemente analysiert werden (Skylla kann man nicht bekämpfen, aber man könnte sie teilweise paralysieren; bei Charybdis, erkennt man, dass sie weniger gefährlich ist, wenn sie ausspeit, als wenn sie einschlürft). Aber das selbständige Urteilen bedarf noch einer anderen Qualität. Das Denken von Gedanken kann mit relativ unbeteiligter Seele geschehen. Will man ein Urteil fällen, so braucht man zunächst die Ruhe und Objektivität des

Abstands, aber dann muss die Seele zu dem durch Distanz Erkannten «ja» sagen. Die Seele muss sich neu verbinden: hier lernt man mit dem warmen Herzen seine Beziehung zur Welt herzustellen, nachdem man sie vorher mit kühlen Kopf vorbereitet hat. Diese Doppelheit im zeitlichen Nacheinander wird bei Odysseus in seiner Beschreibung, wie Skylla seine sechs Matrosen frißt, sichtbar:

Während ich noch auf das schnelle Schiff mitsamt den
                                                    Gefährten
Blickte, gewahrte ich über mir schon die Füße und Hände
Der in die Höhe Gehobenen, die aber schrieen und riefen
Mich – zum letzten Male – bekümmerten Herzens beim
                                                    Namen.
Also wurden sie zappelnd emporgeschnellt zu den Felsen;
Dort an den Pforten der Höhle fraß sie die Skylla, und
                                                    jammernd
Streckten die Hände sie aus nach mir in dem grausigen
                                                    Morden.
Und dann unmittelbar anschließend die warmherzige Seite:
Dies war das Ärgste von allem, was je meine Augen gesehen,
was ich auch sonst erlitt, die Bahnen des Meeres erforschend.
                                                    (Od.12. 247 – 259)

Man kann verstehen, dass Jungen mit Gewalt- und Horror-DVDs versuchen, die Seele abzutrennen von den Regungen, die sie spürt, damit, in diesem Fall einseitig, die Distanz der Erkenntnis geschaffen wird. Man kann leicht feststellen, dass die Jungen mehr die Distanz suchen (daher auch ihr Verhältnis zur «kalten» Technik), während die Mädchen sich mehr mit der «warmen» Seite verbinden, und öfter als die Jungen sich für soziale Fragen interessieren. Nur mit beiden Seiten geht allerdings der Weg weiter zum nächsten Abenteuer im Leben.

Die Abenteuer des dritten Jahrsiebts

Die Rinder des Helios

Odysseus kommt in die Nähe der Insel Thrinákia, wo Rinder und Schafe auf üppigen Wiesen weiden. Er weiß von Teiresias und von Kirke, dass er diese Insel meiden soll. Aber die Gefährten mit Eurylochos an der Spitze wehren sich dagegen, als sie hören, dass sie ohne Zwischenhalt vorbeisegeln werden.

> Schrecklich bist du, Odysseus; von Überkraft an den Gliedern
> Nicht zu ermüden; an dir ist alles aus Eisen geschaffen,
> Der du den von Ermattung und Schlaf zermürbten Gefährten
> Nicht ans Land zu steigen erlaubst, damit wir uns wieder
> Auf der umströmten Insel bereiten ein labendes Nachtmahl;
> Der du so einfach befiehlst, die schnelle Nacht zu durchirren
> Von der Insel hinweg, verschlagen im dunstigen Meere.
>
> (Od. 12. 279 – 285)

Odysseus erkennt da, *dass Böses plane ein Dämon.* (Od. 12. 295) Trotzdem gibt er, allerdings zu einer Bedingung, nach. Die Gefährten sollen keine Rinder und Schafe rauben. Die Matrosen schwören sofort Gehorsam und Enthaltung. Und so ankern sie in einer Bucht der Insel für die Nacht.

Am Ende der Nacht kommt ein heftiger Wind mit einem Wirbelsturm. Sie sind gezwungen im Schutz der Bucht zu bleiben. Odysseus findet das nicht besonders schlimm, weil die Mannschaft noch viele Vorräte hat. Aber der Sturm wütet einen Monat lang. Die Vorräte sind bald erschöpft. Die Männer angeln Fische und fangen Vögel, aber sie schauen immer neidischer und gieriger zu den Rindern und

Schafen auf den grünen Hängen der Insel. Odysseus wandert über die Insel und bittet die Götter um Hilfe, aber er schläft ein. Während seiner Abwesenheit überzeugt Eurylochos die Männer, einige Rinder zu schlachten. Sie bereiten das Fleisch vor und braten es. Odysseus kommt zurück:

> Vater Zeus und ihr anderen seligen ewigen Götter,
> Wahrlich zum Unglück versenket ihr mich in heillosem Schlafe,
> Und die Gefährten ersannen, hier bleibend, die schreckliche
> Untat.
>
> (Od. 12. 371 – 374)

Sodann lassen die erzürnten Götter schlimme Zeichen erscheinen:

> Häute krochen herum, es muhte das Fleisch an den Spießen,
> Ob gebraten, ob roh, so wie das Brüllen der Rinder.
>
> (Od. 12. 394 – 396)

Sieben Tage später dreht der Wind endlich und sie können die Insel verlassen.

Doch Zeus ballt eine finstere Wolke zusammen und der Sturm zerstört das Schiff. Der Mastbaum bricht und erschlägt den Steuermann. Den Gefährten geht es nicht besser:

> … da fielen vom Schiff die Gefährten
> Alle trieben ums schwarze Schiff wie Krähen des Meeres
> In den Wogen herum; ein Gott nahm ihnen die Heimkehr.
>
> (Od. 12. 417 – 419)

Nur Odysseus rettet sich, indem er auf dem Schiff bleibt. Das Schiff zerbirst bald, aber Odysseus vertaut den Kiel mit dem treibenden Mast und setzt sich darauf. Er wird von schrecklichen Winden getrieben, muss wieder zwischen den Klippen Skylla und Charybdis hindurch, wobei er dieses Mal bezeichnenderweise mehr mit der einschlürfenden Charybdis zu tun hat, und gelangt schließlich zu einer Insel.

Welcher Entwicklungsschritt erwartet Odysseus hier? Bisher erschien er als Kapitän, der seinen Matrosen Befehle erteilte oder sie in Kenntnis von Dingen setzte. Hier in diesem Abenteuer erleben wir zum ersten Mal einen Aufstand. Es spaltet sich etwas: bisher einheitliche Kräfte gehen auseinander und treten in Konflikt miteinander.

War es ein Fehler, der Bitte der Matrosen nachzugeben, obwohl Odysseus selbst erkannte, dass ein «Dämon» am Werke war? Für die Matrosen sprach, dass sie nicht vorhatten, Rinder zu schlachten. Sachlich gesehen gibt es auch keinen Grund dafür, denn es sind noch viele Vorräte im Schiff vorhanden. Von den griechischen Lebensgewohnheiten her ist es auch verständlich, denn es war damals üblich, nachts mit dem Schiff anzulegen, wenn eine Möglichkeit vorhanden war. Odysseus Entscheidung ist also eine gesellschaftlich praktikable Lösung. Zu einer individuellen Lösung hat er noch nicht die Kraft, aber wohl zu dieser gemeinschaftlichen.

Odysseus verlangt von seiner Mannschaft ein Versprechen. Er erkennt nicht, dass dieses Versprechen nur haltbar ist, solange Vorräte im Schiff vorhanden sind. Er erkennt nicht, dass die Gefährten die moralische Kraft nicht haben werden, durchzuhalten, wenn ihre Lage kritisch wird. Er erkennt auch nicht, dass er die Ich-Kraft der ganzen Mannschaft verkörpert, und deshalb nicht die Gefährten allein beim Schiff in der Bucht lassen kann. Wir sehen hier wie Empfinden, Begehren, Gefühle, Emotionen mit der Standhaftigkeit und der ordnenden Kraft des Ich in Konflikt geraten. Der oder die Jugendliche mit 16 Jahren verfügt auch noch wenig über die Ich-Kraft, auf welche er/ sie sich stützen könnte, um erfolgreich das Hin-und-her-gerissen-werden, das in diesem Alter aufkommt, allein zu bewältigen.

Die Gefährten geraten in Versuchung und schlachten Rinder. Die Folge ist, dass *Häute herumkriechen und die Fleischspieße zu muhen anfangen*. Eine passende Beschreibung für Halluzinationen nach dem Konsum von Rauschmitteln. Das ist auch das Stichwort für das, was in diesem Abenteuer geschieht.

Die Auseinandersetzung zwischen Odysseus und seinen Gefährten erlebt der /die Jugendliche in der eigenen Seele. Ein Teil seiner Seele hat einen Bezug zum Göttlichen wie Odysseus, der allein auf der Insel die Götter um Hilfe bittet. Doch ein anderer Teil der jugendlichen Seele hat sich in diesem Alter schon der Materie verschrieben, oder positiv ausgedrückt, verwurzelt den Menschen auf der Erde, um ihm die Grundlage für weitere Entwicklungsschritte zu verschaffen.

Diese Seelenteile sind bei jedem Menschen individuell gemischt. Würde bei Odysseus der zum Göttlichen gewendete Teil der Seele die Oberhand behalten haben, so wäre die erste Prophezeiung des Teiresias eingetreten: Er wäre heil und schnell mit der ganzen Mannschaft nach Hause gekommen.

Doch der andere Teil der Seele hat sich in diesem Abenteuer durchgesetzt, und die Folgen sind die der zweiten Prophezeiung des Teiresias.

Eine doppelte Auseinandersetzung der Seele mit der Welt und mit dem Menschen findet hier statt. Die Auseinandersetzung mit der Welt hat als Grundmotiv: wieweit und wie konkret genau muss ich die Welt kennenlernen? Muss der Mensch Belladona einnehmen, um zu wissen, dass es giftig ist? Gibt es in der Welt Tabus, das heißt Dinge (wie die Rinder des Helios), die man lieber nicht antastet, sei es aus heiliger Scheu, aus religiösem Respekt oder aus Angst, Mangel an Gelegenheit usw.? Die Erkenntnis der Gefahren ist eine Seite, aber der Umgang mit der eigenen Lust, mit dem Genuß und dem Begehren bildet die andere Seite. Was bewirkt der Drogenkonsum?

Die Bewältigung der verschieden gefährlichen Drogen steht hier im Mittelpunkt der Prüfung.

Die Jugendlichen mit sechzehn, siebzehn Jahren müssen sich jetzt mit dieser Klippe auseinandersetzen, die schon im Abenteuer mit den Sirenen angeklungen ist, aber damals mit zwölf, dreizehn Jahren durch elterliche Hut umschifft werden konnte. Jetzt ist es das richtige Alter, sich selbst mit den Süchten auseinanderzusetzen. Der eine Jugendliche lernt den rechten Umgang mit dem Begehren und den Süchten an den Alko-pops, der andere am Rauchen oder am Computer, ein dritter lernt aus den Erfahrungsberichten anderer oder aus Besinnung, noch ein anderer lernt leider erst nach einem Schiffbruch und einer Entwöhnungskur. Wenn ein Zwölfjähriger von einer Sucht überwältigt wird, dann haben die Eltern ihre Aufgabe nicht erfüllt. Beim Sechzehn- oder Siebzehnjährigen können und dürfen die Eltern nur beraten und beistehen. Die Auseinandersetzung ist ins Innere der Seele getreten, deshalb muss der Jugendliche selbst lernen (die Götter helfen Odysseus nicht, worüber er sich beklagt) seine Schlüsse zu ziehen und seine Erfahrungen zu machen.

Die Erfahrungen und Entscheidungen der Jugendlichen finden aber nicht im luftleeren Raum statt. Sie leben unter Menschen: Eltern, Freunden, Klassenkameraden, Nachbarn… In diesem Alter spielt die Gruppe, zu welcher man gehört, eine entscheidende Rolle: «Ich trinke keinen Alkohol…» – «Was? komm, hör auf! … – Was ist mit dir los? – Probiere doch mal! – Einmal ist kein Mal … – Du gehörst nicht zu uns!» Möglicherweise geht es bis zum Ausschluß aus der Gruppe durch den tödlich verletzenden Satz: «Verpiss dich!» Man raucht als Jugendlicher zunächst gemeinsam, man trinkt in der Gruppe.

Es ist ein Schritt, der viel Kraft kostet, sich seine eigene Meinung zu bilden, sie zu vertreten, ohne seine möglicherweise anders denkenden Freunde zu verlieren, ohne isoliert zu werden. Doch der Schritt, den man die Überwindung des Klickenwesens und den rechten Umgang mit den Dingen der Welt nennen könnte, gehört zur Entwicklung der Seele in der Persönlichkeit in diesem Alter: Es ist das Ich, das sich noch in den Tiefen der Seele regt und zu sprießen anfängt oder nicht. Entwickelt sich der/die Jugendliche zum Ich oder zum Gruppenwesen und verfällt der Gruppe, der Klicke, der Bande, der Gang? Odysseus verliert seine Gefährten im Sturm, der ihrem Genuß der verbotenen Speise folgt.

Der Mastbaum bricht, der Steuermann wird erschlagen, das Ich also scheint im Sturm unterzugehen, aber Odysseus rafft sich zusammen, flickt den Kiel (Symbol für das Ich in der Schwere und in der Tiefe) mit dem gebrochenen Mastbaum (Symbol für das Ich in der Höhe und der Leichtigkeit der Luft in der Segel) zusammen und fährt so auf dem waagerechten, noch nicht aufgerichteter Ich-Mast durch die See. Er wird das nächste Abenteuer allein erleben. Nur wer durch die Krise der Erkraftung des Ich sich mit den Versuchungen aller Art auseinandersetzt, kommt weiter.

Es ist hier vielleicht günstig, den Leser an den Ansatz dieser Schrift zu erinnern. Der Mensch durchläuft in seiner Kindheit und Jugend individuell alle Phasen, die die Menschheit in ihrer Entwicklungsgeschichte bis zur Lebenszeit des jeweiligen Menschen durchgemacht hat. Da Odysseus der Repräsentant für unsere große Entwicklungsepoche, für die sogenannte nach-atlantische Zeit ist, können wir in den Abenteuern der Odyssee wie archetypisch die menschheitlichen Phasen finden, die das Kind sozusagen mikrokosmisch – individuell erlebt. An der Art und Weise, wie das Kind und dann der oder die Jugendliche dieses Menschheitliche durchmacht, lernen wir sein unnachahmlich und unwiederholbar Individuelles in der Persönlichkeit kennen, abzuspüren, abzutasten. Da diese abspürende Tätigkeit Liebekraft entfacht, kann der Erwachsene in der Umgebung des Kindes hilfreich sein.

Dieses Alter von sechzehn, siebzehn Jahren bei den Jugendlichen ist für Eltern und Erzieher besonders schwierig. In vielen Familien, wenn sie noch bestehen, haben die Eltern nichts mehr zu sagen. Die Jugendlichen pochen zu Recht auf ihre Selbstständigkeit. Dennoch sind sie noch längst nicht erwachsen und werden gerade in diesem Alter leicht von allem Möglichen verleitet oder verführt. Je weniger der Erwachsene durch konkrete Maßnahmen wirken kann, desto wichtiger wird das Gespräch, das Zuhören, das Erzählen der eigenen Nöte (dafür sind die Großeltern oft sehr wichtig), das gemeinsame Abwägen. Die Jugendlichen müssen ihre Vorbilder suchen – es sind verständlicherweise selten die Eltern – und sie finden sie in älteren Geschwistern oder Freunden, in Lehrern oder Menschen, die in der Kulturgeschichte eine Rolle gespielt haben. Sie auf Biografien wie die von Mandela, Gandhi, Dag Hammerskjöld, Henry Dunant, Künstler, Philosophen usw. aufmerksam zu machen, ist auch Teil der Eltern- und Erzieheraufgabe.

Kalypso

Das elfte Abenteuer wird in der Odyssee zunächst nicht wie die vorherigen von Odysseus selbst als Gast der Phäaken erzählt, sondern von Homer, der das Ergebnis der Götterversammlung, die in den ersten vier Gesängen breit dargestellt wurde, hier der Göttin Kalypso, einer Nymphe mitteilen läßt. Wir erfahren da, was mit Odysseus vor sich geht:

> Doch sitzt er nun fest auf der Insel, Qualen erduldend,
> In den Räumen der Nymphe Kalypso, welche mit Zwang ihn
> Hält; so vermag er nicht ins Lande seiner Väter zu kommen.
> Denn er hat kein Ruderschiff und keine Gefährten,
> Ihn auf breitem Rücken des Meeres heim zu geleiten.
>
> (Od. 5. 13 – 17)

Nach dem Ratschlag der Götter wird Hermes zu Kalypso geschickt mit der Bitte des Zeus, Odysseus zu entlassen:

> Den befiehlt er dir nun, so schnell wie es geht, zu entlassen.
> (Od. 5. 112)

Odysseus ist aber nicht zugegen, als Hermes mit Kalypso spricht, er weint am Ufer der Insel: Doch nicht traf er darin
> den großgesinnten Odysseus,
> Denn er saß wie sonst am Meeresufer und weinte,
> Sich sein Herz zerquälend mit Tränen und Seufzen und
> Schmerzen.
> (Od. 5. 81 – 83)

Kalypso klagt, dass die Götter, ihre Vermählung als Göttin mit dem Menschen Odysseus nicht zulassen, obwohl sie es bei Orion mit Eos und bei Demeter mit Jason erlaubten. Sie erzählt, wie sie ihn nach dem Schiffbruch gerettet hat. Aber auch, was sie ihm versprochen hat, um ihn an sie zu binden:

> Den nun hab ich geliebt und gehegt und hab ihm
> versprochen,
> Ihn unsterblich zu machen, nicht alternd alle die Tage.
> (Od. 5. 135 – 136)

Kalypso geht zum Odysseus an den Strand und verkündet
> ihm:
> Ärmster, gräme dich hier nicht mehr, es schwinde dein Leben
> Nicht mehr hin, ich bin ja bereit, dich von mir zu lassen.
> Auf! Langhölzer gefällt, mit Erz verklammert zum breiten
> Floße gefügt, darüber ein Deck aus Balken befestigt,

Hoch genug, damit es dich trägt auf dem luftigen Meere.
Doch ich stelle dir Brotgetreide und Wasser und Rotwein
In genügender Menge dazu, die den Hunger dir fernhält.
Kleider tu ich dir um und sende von hinten dir Fahrwind,
Dass du ganz unversehrt zu deinem Vaterland heimkommst,
So es den Göttern gefällt, die den weiten Himmel bewohnen.

(Od. 5. 160 – 169)

Odysseus ist vorsichtig und mißtrauisch. Kalypso ist wehmütig und versteht nicht, dass er ihr, der strahlenden, unsterblichen Göttin die eigene Frau vorzieht. Odysseus hat zwei Motive, die zur Trennung von Kalypso führen: seinen unerschütterlichen Willen, nach Hause zurückzukehren und seine Frau Penelope. Dafür ist er nun bereit alles in Kauf zu nehmen, was die Götter ihm auch aufbürden:

Schlägt mich aber erneut ein Gott im purpurnen Meere,
Halte ich stand, des Mut im Leidertragen erprobt ist.
Viele Leiden machte ich durch, viel Mühen ertrug ich
Schon in Wogen und Krieg, dann mag auch dies noch

geschehen.
(Od. 5. 221 – 222)

Am nächsten Morgen wird Odysseus von Kalypso mit einer Axt, die seinen Händen gemäß war, und mit einem scharfen Beil versorgt und sie zeigt ihm im Wald, welche Bäume er für ein Floß fällen muss; Bohrer bringt sie ihm auch noch, sowie ein Segel. Darüber hinaus gibt sie ihm Kleider, Proviant und einen guten, leisen Wind für die Fahrt. Odysseus baut ein Floß, dem er einen Mast und ein Steuer hinzufügt. Und schon sticht er in See. Kalypso hat ihm noch geraten, nach links zu segeln.

Am achtzehnten Tag erscheinen die Berge der nächsten Insel. Es ist die Insel der Phäaken, eines Volkes, das früher Nachbar der Zyklopen war, und später hierher gezogen ist. Aber Odysseus wird nicht so leicht das liebliche Gestade der Phäakeninsel erreichen. Ein neuer Sturm bewirkt, dass er bald hilflos auf dem Meer herumtreibt. Hilfe kommt von der «ehemals sterblichen» Ino Leukothea, des Kadmos Tochter. Sie rät ihm, die letzten Hüllen, seine Kleider und das Floß, abzuwerfen. Er soll alsdann mit einem Schleier, den sie ihm gibt, zu der Insel der Phäaken schwimmen. Den Schleier soll er aber wegwerfen, ohne ihn anzuschauen, bevor er aus dem Wasser herauskommt. Das tut er; so kommt er erschöpft und nackt ans Ufer, wo er eine Vertiefung im Sand findet, in welche er hineinkriecht; darin bedeckt er seinen nackten Leib mit Blättern:

Als er das sah, ward froh der göttliche Dulder Odysseus,
Legte sich mitten hinein und schüttete drüber die Blätter.
Wie wenn einer die Glut in schwarzer Asche versteckt hält,
Außen am Rand des Felds, wo fern sind andere Nachbarn,
Während des Feuers Keim, um ihn nicht woanders zu holen,
So war im Laub verborgen Odysseus …

(Od. 5. 486 – 491)

Dieses Abenteuer ist das Einzige, das zweimal erzählt wird. Zunächst aus der epischen Perspektive, wobei der Dichter Homer der Erzähler ist, dann wird es von Odysseus selbst in der Ichform dem Phäakenkönig berichtet. Dieses elfte Abenteuer ist auch das erste, das in der Odyssee erzählt wird; damit erfahren wir etwas Konkretes von der Irrfahrt des Odysseus. Bei der anschließenden Erzählung des letzten Abenteuers verschmelzen die epische Perspektive des Homer und der Bericht des Odysseus beim Phäakenkönig. Nach dem Zeitpunkt, an welchem Odysseus den Zwang der Gruppe bei den Rindern des Helios überwunden hat, und allein weitergezogen ist, fängt die Erzählung der Irrfahrt an.

Der junge Mann oder die junge Frau mit achtzehn bis neunzehn Jahren wird in vielen Staaten der Welt in diesem Alter erwachsen und mündig. Das Ich des Menschen wird von außen, von der Welt wahrgenommen, und von innen fühlt sich der junge Mensch unverwechselbar. Ist aber der Mensch in diesem Alter wirklich schon zu sich selbst gekommen? Wenn der Apfel im Sommer am Baum hängt und Farbe bekommt, ist er zwar schon gebildet, aber er hängt noch fest und muss noch reifen. Nach sieben Monaten Embryonalzeit kann das Baby durchaus geboren werden, denn dafür ist es schon genug gebildet, aber besser ist es, mit neun Monaten das Licht der Welt zu erblicken. So haben wir es hier mit einem wichtigen Reifeprozeß zu tun, der tiefer reicht als die rechtliche Mündigkeit. Jedem Menschen wünscht man, diesen Reifeprozeß durchmachen zu dürfen.

Es gehört zur Aufgabe der Kalypso, Odysseus an sich zu binden und ihn dadurch in Versuchung zu bringen, von seinem wahren Ziel abzuweichen. Aber Odysseus weint «sein Herz zerquälend» am Ufer der Insel: er will zu seiner Heimat, zu sich selbst kommen. Er hat den geistigen Teil seiner Seele, seine Penelope (sie wird hier zum ersten Mal beim Namen genannt) nicht vergessen: Sie ist der Teil der Seele, der in der Heimat geblieben ist, und Penelope webt an einem Hemd, das nicht fertig werden wird, bis Odysseus zurückkommt. Während Odysseus am Übergang zum letzten Abenteuer nackt und mittellos wird, wächst auf der anderen Seite, in der ersehnten Heimat das Kleid des Ich weiter. Das Kleid des Ich, die Ich-Organisation ist erst mit 21 Jahren soweit gediehen, dass der Mensch frei über sie verfügen kann.

Die Situation des Neunzehnjährigen hat einmal der Pädagoge Bernard Lievegoed wie folgt beschrieben: *«Für den Achtzehn- bis Ein-*

undzwanzigjährigen geht es darum, trotz der Beschränkung durch die physischen Bedingungen, trotz der Beschränkung durch geistige und kulturelle Tabus und trotz der «Unanfechtbarkeit» der konkreten sozialen Situation etwas Einmaliges und Persönliches zu schaffen.»[23] Von außen schon sichtbar, von innen erst recht spürbar regt sich das Ich im jugendlichen Menschen und reift zunächst durch den Widerstand der Kalypso. Der von Tränen und Schmerzen begleitete Widerstand des Odysseus macht ihn reif, das Schicksal anzunehmen, das ihm die Götter bereiten, wenn er sein Ziel erreichen will (*Viele Leiden machte ich durch... dann mag auch dies noch geschehen*). Dies ist die Voraussetzung für die eigenartig konkrete Hilfe, die Kalypso ihm am nächsten Morgen anbietet, nachdem sie ihm mitgeteilt hat, dass sie ihn frei geben wird. Odysseus bekommt nur Werkzeuge und Rohmaterial. Er muss es selber zu seinem persönlichen Werk, in dem Fall zu dem vorwärtsbringenden Floß verarbeiten.

Das Werk ist das Motto dieses Alters. In der zu Ende gehenden Schulzeit kann eine Jahresarbeit, die der/die Jugendliche selbst aussucht und eigenmächtig durchführt, diesen Zweck erfüllen. Auch künstlerische Leistungen wie zum Beispiel Musik, Theater, Tanz oder soziales Engagement wie zum Beispiel das Tätig-Werden für eine Umweltorganisation, eine mit Freunden herausgegebene Zeitschrift, Sport usw. sind in dieser Hinsicht wertvoll. Ein Werk kann auch durch Literaturbetrachtungen im Innern nachgeschaffen werden. In der Biologie und der Philosophie kann das Nachempfinden des Zusammenklangs zwischen den Ideen und Weltanschauungen das «Werk Mensch» deutlicher machen. Es muss sich nur der/die Jugendliche voll mit dem, was er/sie tut, identifizieren können. Dann ist das Ziel bald erreicht.

Nausikaa und die Heimat

Nackt und mittellos erscheint Odysseus am Strand vor einem Mädchen und bittet um Kleider und Hilfe. Das von göttlicher Schönheit strahlende Mädchen ist Nausikaa, die Tochter des dortigen Königs Alkinoos. Sie hilft ihm. Sie ist bald von Odysseus so beeindruckt, dass sie ihn sich als Gemahl vorstellt. Denselben Wunsch wird bald der König für seine Tochter auch hegen. Hier steht Odysseus vor seiner letzten Entscheidung. Er könnte ein süßes und durchaus glückliches Leben mit der jungen und reizenden Nausikaa führen. Später würde er selber König des Landes werden. Aber er spürt, dass das nicht sein Schicksal, nicht seine Lebensaufgabe ist. Das Leben in der Sinneswelt allein und der Umgang mit der Macht sind als solche für Odysseus nicht entscheidend; er kann sie sich nur als Teil seines gesamten Lebenswerkes, das heißt in Ithaka vorstellen.

In dem überaus langen Abschnitt der Odyssee, in welchem die Ankunft und der Aufenthalt des Odysseus bei den Phäaken beschrieben wird (vom Ende des fünften bis zum neunten Gesang), werden der Wunsch nach Rückkehr, die Rückkehr selber und die Vorbereitungen für die Rückkehr ständig erwähnt. Nausikaa deutet auch bald nach der Begegnung an, was sie vor hat, um zu helfen:

Fremder, höre geschwind mir zu, damit du aufs schnellste
Bei meinem Vater deine Entsendung bewirkst und die
Heimkehr.
(Od. 6. 289 – 290)

Nausikaa also, aber auch Athene, der König und seine Frau, die Fürsten des Landes, Odysseus selbstverständlich, alle reden immer wieder von der «Entsendung» in die Heimat. Das ist das untergründige Motiv der Begegnung mit den Phäaken.

85

Das Hauptmotiv des letzten Abenteuers ist aber der Rückblick auf die zu Ende gehende Irrfahrt. Am Ende des siebten Gesangs, da wo Alkinoos und seine Frau Arete mit den Fürsten des Landes im Thronsaal versammelt sind und Odysseus empfangen, findet ein erster kurzer Rückblick statt. Odysseus spricht von der jüngsten Vergangenheit, von Kalypso und von seinem Aufenthalt bei ihr, von dem anschließenden Schiffsbruch und von seiner Ankunft; er erzählt weiterhin, wie Nausikaa ihm geholfen hat und er nun bei Alkinoos weilt. Dieser erste Rückblick, welchem die ganze Erzählung seiner Odyssee folgen wird, entstand durch die Frage des Aretes:

> Fremder, ich will dich selbst zuerst um etwas befragen:
> Wer du bist und woher? Wer gab dir diese Gewänder?
> Sagtest du nicht, du kämest hierher übers Meer als
> Verschlagener?
>
> (Od. 7. 237 – 239)

Der Rückblick ist mit der Frage nach der Identität verbunden. Wer ist eigentlich dieser Verschlagene? Als Alkinoos, der die Größe seines Gastes ahnte, ihn mit einem Unsterblichen verglich, erwiderte Odysseus:

> ...ich gleiche
> Den Unsterblichen nicht, die den weiten Himmel bewohnen,
> Weder an Wuchs noch Gestalt, vielmehr den sterblichen
> Menschen.
> Menschen, von denen ihr wißt, dass sie schwer mit Jammer
> beladen,
> Denen möchte ich mich in meinen Leiden vergleichen.
>
> (Od. 7.208 – 212)

Odysseus ist der Held der Ilias, der nach Trojas Untergang den Sprung in die Persönlichkeit schaffte, und jetzt am Ende seiner Prüfungen als selbständiges Ich durch seine Persönlichkeit lebt. Und als Ich in der Persönlichkeit zu leben, heißt, dass der eine Teil der Seele sich der Sinneswelt, der andere Teil dem Geistigen zuwendet:

> Aber lasst mich nun essen, so sehr ich im Herzen betrübt bin;
> Gibt es doch nichts, das hündischer wäre, als der verhaßte
> Bauch; der mahnt uns alle gewaltsam, seiner zu denken,
> Auch wenn einer entkräftet ist mit Kummer im Herzen,
> So wie auch ich jetzt Kummer im Herzen habe; doch immer
> Fordert er auf zum Essen und Trinken und macht mich
> vergessen,
> Was ich litt, und treibt mich an und möchte gefüllt sein.
> Ihr aber eilt euch morgen früh, wenn der Himmel sich rötet,
> Mich unseligen Mann in meine Heimat zu senden.
>
> (Od. 7. 215 – 223)

Die Odyssee der Menschwerdung ist die Irrfahrt der Individualität durch die Mäander der Persönlichkeit. Wenn alles gut geht, wird die Individualität durch die Persönlichkeit zum Charakter: *«In dem menschlichen Charakter drückt sich ja auf die mannigfaltigste Weise aus, was der Mensch immer wieder und wiederum darlebt; ein Einheitliches verstehen wir darunter, wenn wir von dem menschlichen Charakter sprechen. Ja, wir haben das Gefühl, dass Charakter etwas ist, was sozusagen zum ganzen Wesen des Menschen notwendig gehört, und dass es sich uns als Fehler darstellt, wenn das, was der Mensch denkt, empfindet und tut, sich nicht in einer gewissen Weise zu einem Einklang vereinigen läßt. (...) Wenn sich der Mensch im Privatleben mit diesem oder jenem Grundsatz und Ideal äußert, und ein andermal im öffentlichen Leben in ganz entgegengesetzter oder wenigstens abweichender Weise, so sprechen wir davon, dass sein Wesen auseinanderfällt, dass sein Charakter einen Bruch hat.*[24]

Als am Beginn seiner Abenteuer Odysseus vom Zyklopen nach seinem Namen gefragt wurde, antwortete er, er heiße Niemand. Nun, einundzwanzig Jahre später, ist er Jemand geworden, und kurz vor der Heimkehr erzählt Odysseus sein Leben, seine Biografie. Die ausführliche Erzählung der Abenteuer, die Odysseus erlebt hat, ist die Biografie seines Ich in der Persönlichkeit. Abgesehen von Zarathustra ist Odysseus der erste Mensch, der diesen Weg in die Selbständigkeit des persönlichen Ich geht. Insofern hat dies Urbild-charakter, und man kann in den Bildern der Odyssee die Schritte finden, die jeder Mensch auf individuelle Weise zu gehen hat.

Die Phäaken bringen alsbald Odysseus nach Hause:

> Die aber brachten ihn schlafend im schnellen Schiff übers
> Meer und
> Legten ihn nieder in Ithaka, haben unendliche Schätze
> Ihm gegeben an Erz und Gold und gewebten Gewändern,
> Wie sie Odysseus nie davon getragen aus Troja,
> Käme er unversehrt mit dem Losanteil seiner Beute.
>
> (Od. 13. 134 – 138)

Odysseus ist zu sich selbst gekommen; seinen Reichtum hat er nicht von Troja mitgebracht, nicht von der alten Zeit; sein Reichtum ist erworben. Die Kluft, die das Ego-Bewusstsein im dritten Lebensjahr (der Sack der Winde führte ihn zunächst bis vor die Insel Ithaka) gegenüber dem Menschheitlichen geschaffen hatte, kann nun überbrückt werden. Die Phäaken haben diese Aufgabe, aber nachdem sie Odysseus in Ithaka abgesetzt haben, werden ihre Schiffe von Poseidon zu Inseln im Meer verwandelt. Nur einmal findet im Leben, um das einundzwanzigste Lebensjahr herum, die Überbrückung statt. Wer später in seinem Ich eine neue Spaltung entstehen läßt, wird krank.

Erst mit dem einundzwanzigsten Jahr kommen die zwei anfangs beschriebenen Strömungen im Menschen zur Deckung. Erst jetzt kann sich das Ego-Bewusstsein, durch welches sich das Individuelle äußert, im Menschheitlichen entfalten. Ohne an die Menschheitsströmung anzuschließen, kann die individuelle Strömung nur zum Ego-Bewusstsein, zum Egoismus führen. Erst wenn beide Strömungen zusammenwirken, kann man wie Pilatus vor dem Christus sagen: «Ecce homo»; das ist der Mensch. Der Mensch, dessen Seele Freude und Leid kennt, dessen Seele sich der sinnlichen Welt zuwendet, und nicht in der Askese entschwindet, dessen Seele aber auch nach dem Geistigen strebt und nicht im Hedonismus stecken bleibt. Dieser individuelle Mensch – wenn man diese Tautologie entschuldigt – bereichert die Erdentwicklung, die er durch seine Initiativen antreibt, und seine Persönlichkeit wird durch den Umgang mit der Welt reicher und reicher. Beim Besuch des Phäakenkönigs kommt Odysseus zu sich selbst, indem er seine Biografie erzählt, aber Nausikaa, des Königs Tochter ist nur die Heimat als Sammelgefäß der Vergangenheit, als Ausdruck der schon gewordenen Biografie, sie ist nicht die Heimat als Plattform für die entstehende Zukunft, für die andere Seite der Biografie: Odysseus ist nach Ithaka zurückgekehrt, zu sich selbst gekommen, aber die Odyssee der Menschwerdung ist mit dem einundzwanzigsten Jahr, mit der «Geburt des Ich» nicht zu Ende.

6. Von der Erziehung
zur Selbsterziehung –
von Odysseus zu Faust

Jetzt kann der Mensch aus der Fülle seines Wesens sein Leben gestalten. Bis ungefähr achtundzwanzig Jahre, dem Ende dieses Jahrsiebts, finden die meisten Menschen ihren Platz in der Gesellschaft
und ihren Lebensstil. Joachim du Bellay, ein französischer Dichter
aus dem sechzehnten Jahrhundert, hat diese Wesensfülle mit dem
Ergebnis der Odyssee verglichen:

Heureux qui comme Ulysse, a fait un beau voyage,
Ou comme cestui-là qui conquit la toison,
Et puis est retourné , plein d'usage et raison,
Vivre entre ses parents le reste de son âge.

Selig wer, der wie Odysseus eine schöne Reise machte,
Oder wie der, der das goldene Vlies holte,
Und mit Erfahrung und Vernunft zurückkam,
Um im Kreise der Verwandten seine letzten Lebensjahre zu
verbringen.

Die Odyssee der Menschwerdung geht zwischen ein- und achtundzwanzig Jahren zu Ende. Der reife Mensch lebt unter seinesgleichen
und ist erfahren und vernünftig; er ist zufrieden. Nun kann er ein
Zuhause bauen und sein Leben einrichten, oder eine Zeit lang hart
arbeiten, um es zu erreichen.

Doch eine Frage stellt sich: Will der mündige Mensch eine Nausi-
kaa-Seele oder eine Penelope-Seele in seiner Brust leben lassen? Es
geht hier um den Unterschied zwischen Raupe und Schmetterling.
Will der junge Mensch als Raupe oder als Schmetterling leben? Für
die Raupe ist das materielle Leben das Wichtigste und das Wesent-
liche. Der Schmetterling strebt nach dem Licht und braucht wesent-
lich weniger materielles Leben. Wer sich nach dem vierten Jahrsiebt, nach dem siebenundzwanzigsten, achtundzwanzigsten Jahr
weiter entwickeln will, wird bald merken, dass keine gewöhnliche
Schule, keine gewöhnliche Erziehung mehr ihn weiter bringt. Der
Mensch, der zu sich selbst gekommen ist, kann nur aus sich selbst
heraus weiter kommen. Schule und Erziehung werden nach diesem
Zeitpunkt zur Selbstschulung und Selbsterziehung. Das hat mit der
Odyssee nichts mehr zu tun. Anderswo muss man dann Urbilder für
die Selbsterziehung suchen. Odysseus, der die Entwicklungswege

der fünften Entwicklungsepoche[25] urbildlich erlebt hat, war ein Grieche, ein Mann der vierten Kulturepoche: Er kann Anregungen für das Leben für die Zeit bis zum einundzwanzigsten Jahr bringen. Danach nicht mehr. Sucht man ein Urbild mit Anregungen für unsere moderne Zeit, für die Zeit seit der Renaissance, dann stößt man auf Faust. Erst bei Faust kann man sich Ratschläge und Anregungen holen für die Selbsterziehung in unserer Zeit. Wir haben es aber dann mit einer ganz anderen Welt zu tun, als es die Welt des Odysseus ist.

Unsere moderne westliche Gesellschaft kennt viele Beispiele von Menschen, die nach dem einundzwanzigsten Lebensjahr eine Zeit lang im Sinne der Odyssee weitergelebt haben und in ihren dreißiger Jahren oder in der sogenannten «midlife crisis» plötzlich die Sinnfrage des Lebens neu entdeckten und ihr Leben revolutionsartig änderten. Die Entwicklung des Menschen geht selbstverständlich weiter, aber sie richtet sich dann nach dem Selbst.

Anmerkungen

1 Célestin Freinet in: *L'éducateur prolétarien*, Nr. 1, Januar 1933

2 Martin Buber, *Über das Erzieherische* (1919) in: Martin Buber, *Reden über Erziehung*, Heidelberg 1986

3 Alexander S. Neill, *Theorie und Praxis der antiautoritären Erziehung*, Hamburg 1969

4 Jean Piaget, *Theorien und Methoden der modernen Erziehung,* Frankfurt a. M. 1974, S. 113

5 Maria Montessori, *Kinder sind anders*, Stuttgart 1993 S.57

6 Rudolf Steiner, *Die Erziehung des Kindes vom Gesichtspunkt der Geisteswissenschaft*, Gesamtausgabe (GA)Nr. 34

7 Rudolf Steiner, Vortrag vom 30. 01. 1910, GA 110, S. 53f.: «*Schon beim einzelnen Menschen müssen wir uns klar sein, dass sozusagen zwei Entwicklungsströmungen ineinander laufen.*»

8 Siehe Anm. 7: «*Zu dieser Strömung gehört alles dasjenige, was bei jedem Menschen die besondere Schattierung seines Wesens ausmacht, was wir an eigentlichen tieferen Vorgängen, Ursachen und Wirkungen in unserem Karma (Schicksal) haben, was von Inkarnation zu Inkarnation geht.*»

9 Rudolf Steiner, Vortrag vom 14. 01. 1913, GA 141, S. 122: «*Auf die* (individuelle) *Entwicklungsreihe (...) kann man überhaupt nicht einwirken: das ist die individuelle Entwicklung; das ist etwas, was man zwar berücksichtigen kann, was man aber nicht aufhalten kann und woran man nicht viel erziehen kann.*»

10 Rudolf Steiner, Vortrag vom 28. 05. 1910, GA 120, S.216: «*Freiheit kann nur dadurch erspießen, dass der Mensch sich den höchsten Inhalt seines Erden-Ich selber gibt. Dasjenige Ich, das der Mensch haben würde, wenn ihm alle Ziele am Ende der Erdentwicklung gegeben würden, kann nicht frei sein; denn es ist von vornherein bestimmt gewesen, alle Güter der Erdentwicklung in die Menschen einfließen zu lassen. Frei werden konnte der Mensch nur, indem er zu diesem Ich ein anderes, irrtumfähiges Ich hinzuschafft, das in der Lage ist, immer wieder und wieder nach der Seite des Guten und nach der Seite des Bösen zu pendeln und das immer wieder hinaufstreben kann zu dem, was der Inhalt aller Erdentwicklung ist.*»

11 Siehe Anm. 7: «*Das, was in dieser Entwicklungslinie liegt, gilt mehr oder weniger für alle Menschen; (...) das ist ein Gesetz, nach dem sich die Hüllen des Menschen entwickeln.*»

12 Siehe Anm. 7 S. 57: «*Nehmen wir nun an, wir vernachlässigen in der Erziehung bei dem Menschen, der diese oder jene Fähigkeiten mitbringt, dass er sie insbesondere ausleben kann durch den Astralleib (das Seelische im Menschen, das im dritten Jahrsiebt in einer besonderen Weise gepflegt werden soll), wir vernachlässigen die Entwicklung des Astralleibes in der richtigen Zeit. Was wird da eintreten? Er hat jene Kräfte, jene Strömungen nicht, welcher sich jenes Ich, das von Verkörperung zu Verkörperung geht, bedienen muss, um seine Anlagen zu entfalten. Jetzt aber haben wir ein Ich, das hohe Fähigkeiten entwickeln könnte; die Organe des Astralleibes aber, durch die dieses Ich seine Fähigkeiten äußern könnte, sind verkrüppelt. (...) Da steckt etwas in der Individualität, aber es kann nicht heraus, weil die andere Entwicklungsströmung bis zum entsprechenden Zeitpunkt nicht richtig besorgt worden ist. Da treten dann gerade in jenem Zeitpunkte, wo die nicht vorhandenen Organe gebraucht werden würden, die charakteristischen Erscheinungen auf, welche man als das «Jugend-Irrsein» – Dementia praecox – bezeichnet. (...) Es wird ja nicht immer in dieser radikalen Weise auftreten, aber es tritt in unserer Zeit noch öfter auf in dem, was heute so häufig ist: in unzufriedenen Seelenstimmungen, in der Hoffnungslosigkeit, in dem Nichtswissen, was man mit sich anfangen soll, insbesondere in den Zeiten vom 14., 15. bis zum 21. Jahre.*»

13 Rudolf Steiner, Vortrag vom 16. 04. 1912, GA 143, S.121: «*Das Bewusstsein des Ich tritt mit dem dritten und vierten Jahre auf, die Organisation für das Ich*

aber erst im zwanzigsten und einundzwanzigsten Jahr. Diese Tatsache ist von fundamentaler Wichtigkeit für das Verstehen des Menschen. (...) Alles, was der Mensch erleben kann an Zwiespalt zwischen äußerlicher Organisation und innerer Erfahrung, an Leiden und Schmerzen im Leben dadurch, dass ihm gewisse Dinge vermöge seiner Organisation nicht möglich sind, an Disharmonie zwischen dem, was er wünschen und wollen und dem, was er ausführen kann, die Tatsache, dass er Ideale haben kann, die über seine Organisation hinausführen, all das führt zurück auf die Tatsache, dass das Bewusstsein unseres Ich einen ganz anderen Weg geht als der Träger unseres Ich. In dieser Hinsicht sind wir ein zweifacher Mensch: ein äußerer Mensch, der darauf hinorganisiert ist, seine Ichheit im zwanzigsten oder einundzwanzigsten Jahre zu entwickeln, und ein innerer Seelenmensch, der sich schon im vierten und fünften Jahre auf sein Seelenleben hin von seiner äußeren Organisation emanzipiert. Emanzipation des Ich-Bewusstseins von der äußeren Organisation findet statt im Kindesalter. Wir machen in unserer Seele etwas durch, was von unserer äußeren Organisation unabhängig verläuft, was sogar in herben Widerspruch kommen kann mit unserer äußeren Organisation. Wir sind in bezug auf das innere Bewusstsein des Ich geneigt, außer acht zu lassen unsere Organisation, das, was unten in unseren Leibern ist. Seelisch entwickeln wir uns ganz anders als unsere Leiber sich entwickeln. Der Gang der inneren Menschheitsentwicklung ist daher ein zwiefacher. Der Gang der Entwicklung unserer Organisation geht vom ersten bis zum siebenten Jahre, dann vom siebenten bis zum vierzehnten Jahre, vom vierzehnten bis zum einundzwanzigsten Jahre in der Weise, wie das geschildert worden ist. Der Gang der inneren Entwicklung ist so, dass wir von dem vorigen ganz unabhängig sind, dass das Bewusstsein unseres Ich sich emanzipiert vom zartesten Kindesalter an und einen selbstständigen Weg durch das Leben macht.»

14 Homer, *Odyssee*, (Reclam 1979, in der Übersetzung von Roland Hampe), abgekürzt mit: Od.(Odyssee), 1. (Gesang), 2-4 (Verse)

15 Das Verhältnis von Ontogenese zu Phylogenese hat Steiner gerade für die Begründung des pädagogischen Umgangs mit den Jahrsiebten hervorgehoben. Sowohl in seinem zweiten Vortrag zur Pädagogik (GA 55, Vortrag vom 24. 01. 1907, S. 134), wie auch bei der Eröffnung der ersten Waldorfschule (GA 298, Ansprache bei der Eröffnung der Freien Waldorfschule am 07. 09. 1919, S.26) schnitt er dieses Thema an. Im Vortrag vom 24. Januar 1907 heißt es: «*Wozu brauchen wir denn überhaupt bei der Erziehung des Kindes eine Schule? Was nach der physischen Geburt heranwächst, bedarf einer schützenden Hülle, ähnlich wie der Keim im Mutterleibe. Denn erst an einem bestimmten Punkte tritt der Mensch in ein neues Leben. Bevor er an diesen Punkt kommt, ist sein Leben eine Wiederholung früherer Lebensepochen. Auch der Keim macht ja eine Wiederholung aller Stadien der Entwicklung von Urzeiten her durch. So wiederholt das Kind nach der Geburt frühere Menschheitsepochen. Friedrich August Wolf charakterisierte*

die Stufen des Menschen von der Kindheit an folgendermaßen … (es folgen die genauen Epochen wie Wolf sie herausfand). *Dieses Schema entspricht einer gu-ten, geistig wertvollen Grundlage, nur dürfen wir es nicht so eng auffassen. Wir müssen die ganze Abstammung des Menschen mit in Betracht ziehen.»*

16 Rudolf Steiner, Vortrag vom 14. 10. 1904, GA 92, S. 82

17 Rudolf Steiner, GA 8, S.91: «*Odysseus rettet sich, indem er den Zyklopen blendet. Man hat es mit der ersten Station der Lebenspilgerschaft zu tun».*

18 Rudolf Steiner, Vortrag vom 24. 09. 1919, GA 297, S.92

19 Rudolf Steiner, Vortrag vom 16. 09. 1920, GA 302a, S.26

20 L.F.C. Mees, *Tiere sind, was Menschen haben*, Stuttgart 1987, S.111

21 Rudolf Steiner, Vortrag vom 07. 08. 1921, GA 206, in diesem Zusammenhang vor allem S.101 ff: «*Daher ist dieser Zeitabschnitt, dieser Zeitpunkt für den Päd-agogen so wichtig zu beobachten. Es ist einmal so, dass man als Lehrer, Erzie-her, Unterrichter sorgfältig Acht geben muss auf irgend etwas – bei fast jedem Menschen spielt es sich ja anders ab - , was sich etwa zwischen dem neunten und zehnten Lebensjahr abspielt. Da sieht man bei jedem Kinde etwas Beson-deres. (…) Aber vor allen Dingen ist es in diesem Zeitpunkte, wo man anfangen soll – während man vorher gut tut, das Kind nichts merken zu lassen von dem Unterschied zwischen dem Ich und der Außenwelt - , diesen Unterschied zwi-schen dem Ich und der Außenwelt hervortreten zu lassen. … So finden wir, dass so recht eine wirkliche Loslösung des Ich und des astralischen Leibes vom ätherischen Leib und vom physischen Leib im Schlafe stattfindet. Das Kind (vor neun Jahren) ist, namentlich mit seinem Ich, sehr innig verbunden mit seinem physischen und seinem ätherischen Leib, auch wenn es schläft. Aber von die-sem Zeitpunkte an beginnt das Ich wie ein selbständiges Wesen aufzuleuchten, wenn eben Ich und astralischer Leib nicht an den Funktionen des Ätherleibes und des physischen Leibes teilnehmen.»*

22 Rudolf Steiner, GA 206 gleicher Vortrag wie Anm. 20; in diesem Zusammenhang besonders S.103ff: «*Daher ist es auch so, dass Kinder, die vor diesem Zeitpunkte sterben, im Grunde genommen in dem Leben, das sie da bis zum fünften, sech-sten, siebenten selbst noch bis zum achten, neunten Lebensjahr durchmachen, etwas haben, was sie noch wenig getrennt hat von jener geist-seelischen Welt, die zwischen dem Tod und einer neuen Geburt durchgemacht wird; so dass die Kinder verhältnismäßig leicht wiederum zurückgerissen werden in die geistig-seelische Welt, dass sie gewissermaßen nur etwas anstückeln an das Leben, das sie vollendet haben mit der Empfängnis oder mit der Geburt, dass ein eigent-liches Abschnüren eines neuen Lebens, wenn wir dieses Sterben in Betracht ziehen, eigentlich erst da ist, wenn die Kinder nach diesem Zeitpunkte sterben. Da bindet sich gewissermaßen das neue Leben nicht in so intensiver Weise an das alte Leben.(…) Das aber, was sich da loslöst vom Menschen, was sich später gewissermaßen um das Leibliche weniger kümmert, das ist dann auch dasje-nige, was den Menschen wieder durch die Pforte des Todes in die gestig-seeli-*

sche Welt hineinträgt, wenn er stirbt. Wie gesagt, das Kind in seinem früheren Lebensalter wird mehr zurückgeworfen zu seinem vorigen Leben, der Mensch nach diesem Zeitabschnitte ist getrennt von seinem vorigen Leben. Und, was sich da ablöst, das enthält in sich die Keime, um durchzugehen durch die Pforte des Todes.»

23 Bernard Lievegoed, *Lebenskrisen, Lebenschancen,* München 1980

24 Rudolf Steiner, Vortrag vom 14. 03. 1910, GA 58/59, S.83 – 84

25 In der Geisteswissenschaft, in der Anthroposophie spricht man von Entwicklungsepochen, die große Zeiträume umfassen: so leben wir in der fünften Entwicklungsepoche, die nach der Sintflut, wie sie in vielen Mythologien der Menschheit beschrieben und von Rudolf Steiner mit dem Untergang der Atlantis gleichgesetzt wird, begonnen hat. Solche großen Zeiträume gliedern sich wiederum in kleinere Zeiträume, Kulturepochen genannt, die aufeinanderfolgen: zunächst die altindische Kulturepoche, dann die altpersische, die ägyptisch-chaldäische, dann die griechisch-römische Kulturepoche bis in das Mittelalter hinein und anschließend, mit Anbruch der Renaissance unsere Kulturepoche, der noch zwei weitere folgen werden, bis die fünfte Entwicklungsepoche ihren Abschluss findet.

Über den Autor

Alain Denjean, geb. 1950 in Frankreich. Studium der Germanistik und Romanistik in Montpellier und Heidelberg. Französischlehrer zunächst an der Mannheimer Waldorfschule 1978–1981, seitdem an der Waldorfschule Stuttgart, Uhlandshöhe. Seit 1996 auch Religionslehrer. Verantwortlich für die Fremdsprachenlehrerausbildung an der Freien Hochschule Stuttgart. Im Verlag Freies Geistesleben erschien *Die Praxis des Fremdsprachenunterrichts an der Waldorfschule.*

Thomas Marti

Wie kann Schule die Gesundheit fördern?

Erziehungskunst und Salutogenese

352 Seiten, kartoniert

ISBN 978-3-7725-2036-5

Die Salutogenese versteht Gesundheit nicht als das bloße Fehlen von Krankheiten, sondern als einen aktiven Zustand und als Vorhandensein von Lebensqualitäten. Sie fragt, warum Menschen gesund bleiben, welche Faktoren die Gesundheit fördern und erhalten. Thomas Marti beleuchtet die verschiedenen Dimensionen der Waldorfpädagogik unter dem Gesichtspunkt der Salutogenese. Er zeigt die gesundheitsfördernden Anliegen und Aspekte der Rudolf Steiner Schulen und ihre gesellschaftliche Bedeutung im Bereich der Gesundheitspflege. – Eine einführende Darstellung zu einem aktuellen medizinisch-pädagogischen Thema.

Verlag Freies Geistesleben

Helmut Eller

Der Klassenlehrer an der Waldorfschule

Einführung in ein Berufsbild

236 Seiten, kartoniert

ISBN 978-3-7725-1561-3

Dem Klassenlehrer kommt an der Waldorfschule eine zentrale Rolle zu:
Er unterrichtet seine Schüler in der Regel von der 1. bis zur 8. Klasse.
Was bedeutet dies in der Praxis? Wie gestaltet sich für die Schüler die
Unterrichtszeit während dieser acht Jahre?

In Helmut Ellers anschaulicher, engagierter Darstellung entsteht ein le-
bendiges Bild der Tätigkeit des Klassenlehrers. Viele Unterrichts-bei-
spiele und übergreifende Frage-stellungen orientieren umfassend über
diesen wichtigen Bereich der Waldorfpädagogik.

Verlag Freies Geistesleben

Helmut Eller

Die vier Temperamente

Anregungen für die Pädagogik

247 Seiten, kartoniert

ISBN 978-3-7725-1644-3

Helmut Eller führt hier anschaulich und umfassend in die Thematik der Temperamente ein. Durch charakteristische Schilderungen schärft er den Blick für einzelne Temperamentszüge und vermittelt ein Verständnis für die verschiedenen seelischen Dispositionen. Auf dieser Grundlage werden dann vielfältigste Anregungen für den Unterricht an der Waldorfschule gegeben – von der münd-lichen Darstellungsweise in der 1. Klasse bis zu einzelnen Schulfächern wie Geografie oder Chemie in der 7. Klasse. Es eröffnet sich so die Möglichkeit, die einzelnen Kinder genauer wahrzunehmen und den Unterricht differenziert zu gestalten.

Verlag Freies Geistesleben

Brauchen Jungen eine andere Erziehung als Mädchen

Hrsg. von A. Neider. Mit Beiträgen von M. Birnthaler, C. Grah-Wittich,
Th. Jachmann, U. Meier, A. Neider, T. Rohrmann und P. Singer
260 Seiten, kartoniert • ISBN 978-3-7725-2169-0

Die pädagogische Situation sowohl in Kindergärten wie in Schulen wird
immer mehr geprägt durch sogenannte Verhaltensauffälligkeiten bei
denjenigen Kindern, die Eltern, Erziehern und Lehrern Sorge bereiten.
Dabei tritt ein großer Teil dieser Probleme überwiegend bei den Jungen in Erscheinung. Woran liegt das? Haben es Jungen heute schwerer,
sich zu entwickeln, als Mädchen?
Die Beiträge dieses Buches widmen sich dieser Fragestellung und gehen dabei sowohl auf die individuellen Entwicklungsunterschiede bei
Jungen und Mädchen wie auf die pädagogischen Möglichkeiten in Kindergarten, Schule und Elternhaus ein.

Verlag Freies Geistesleben

Bildung ist mehr als Lernen

Hrsg. von A. Neider. Mit Beiträgen von S. Bardt, G. Hüther, Th. Jachmann,
M. Kaiser, G. Lundgren, Ch. Rittelmeyer, P. Singer und J. Vagedes
184 Seiten, kartoniert • ISBN 978-3-7725-2066-2

Nicht die Frage nach dem gesellschaftlichen Mehrwert von Bildung,
sondern nach dem menschenbildenden Wert der Erziehung steht im
Vordergrund der Betrachtungen in diesem Buch. Dabei kommt es auch
auf eine engere Zusammenarbeit von Kindergarten und Schule an.
Bildung ist mehr als Lernen stellt interdisziplinäre Ansätze aus den
Erziehungswissenschaften, der Neurobiologie, der Entwicklungspsy-
chologie und der Waldorfpädagogik vor. Dabei werden besonders die
Bedeutung des kindlichen Spiels sowie die motorische und gesundheit-
liche Entwicklung berücksichtigt. Das Buch wendet sich an Erzieher,
Lehrer, Eltern, Therapeuten, Heilpädagogen und Ärzte.

Verlag Freies Geistesleben

Lernen

aus neurobiologischer, pädagogischer, entwicklungspsychologischer und geisteswissenschaftlicher Sicht.

Hrsg. von A. Neider. Mit Beiträgen von G. Hüther, H. Köhler, G. Kühlewind, E. Schiffer und H. Schiller

99 Seiten, kartoniert • ISBN 978-3-7725-2265-9

Die Frage nach dem kindlichen Lernen hat gegenwärtig eine so starke Aktualität gewonnen, weil sich an ihrer Beantwortung nicht nur entscheidet, wohin sich unsere Kinder entwickeln werden, sondern zugleich auch, welches Bild vom Menschen wir vertreten wollen. Der Beantwortung dieser Frage sind die fünf Beiträge aus naturwissenschaftlicher, entwicklungspsychologischer, pädagogischer und geisteswissenschaftlicher Sicht gewidmet. Sie konvergieren dabei im Hinblick auf eine ganzheitliche Sicht der kindlichen Entwicklung.

Verlag Freies Geistesleben